"고맙다"

"그림프"

"고맙다"

서정인
한국컴패션 대표

이 시대를 '3무(無) 시대'라 일컫습니다. 많은 사람들이 무관심, 무감동, 무가치 속에 아무런 의미 없이 살아가고 있습니다. 이런 공허한 가슴에 사랑의 깃발을 꽂고 우리가 잃어버린 관심과 감동과 가치를 향해 나아가는 군단이 있습니다. 바로 '컴패션'입니다. 저는 많은 이들이 한국컴패션을 통해 열정이 회복되어 믿음·소망·사랑이 온전케 되는 것을 보았습니다.

이 책을 읽은 사람의 내일은 어제와는 사뭇 다를 것이라고 확신합니다. 그리고 이 다름은 우리의 삶을 보다 뜨겁고 값지게 할 것입니다. 이 스토리를 만난 모든 이들의 고백처럼 저도 마음을 담아 감사의 말을 전합니다. "참 고맙습니다."

이동원 | 지구촌미니스트리네트워크 대표

선한목자교회에서 '컴패션 선데이'를 진행했을 때 서정인 목사님과 처음 만났습니다. 대화하는 가운데 "누구든지 내 이름으로 이런 어린아이 하나를 영접하면 곧 나를 영접함이니"(마태복음 18장 5절)라고 말씀하신 주(主) 예수님이 목사님과 함께하심이 선명하게 느껴졌습니다. 그리고 이 책을 읽는 내내 그때 제가 받은 인상이 더 오롯이 새겨졌습니다. 쓰레기 더미 속에서 마주친 한 어린 영혼의 눈빛을 바라보는 순간 가슴속에서 용솟음 쳤던 애끓는 마음과 백혈병으로 죽어가는 여자아이를 위해 두 번이나 골수이식을 해주며 일었던 마음속 소용돌이에 대한 솔직한 고백을 눈물로 읽었습니다.

한국컴패션은 기독교인뿐 아니라 많은 비기독교인들의 동참도 이끌어내는 최근 가장 활발한 사역 단체입니다. 한국이 열 번째 후원국이자 첫 번째 수혜국에서 후원국으로 바뀐 나라가 되는 과정이 가슴 뭉클했습니다. 수혜국 시절 컴패션의 후원을 받은 목사님 중 한 분이 한국에 컴패션이 다시 들어와야 할 이유에 대해 이렇게 말씀하셨다고 합니다.

"우리의 부모님 시대에는 전쟁의 아픔과 고통 가운데서 위로해주시는 하나님을 만났습니다. 우리 시대에는 가난과 굶주림 가운데서 경제를 일으켜 세워주시는 하나님을 만났습니다. 하지만 우리의 다음 세대는 부요함 가운데 하나님이 누구인지 모릅니다. 이제 컴패션이 이 세대와 그리고 다음 세대에게 하나님을 알려주시길 바랍니다."

그 분의 바람대로 현재 컴패션은 많은 이들에게 예수님 사랑의 본질을 전달할 뿐만 아니라 그 사랑 안에 동참하도록 그들의 손을 잡아당기고 있습니다.

책을 읽으면서 몇 번이고 울컥하는 감동과 은혜를 받았습니다. 그리고 서정인 목사님과 수많은 컴패션 후원자들을 향한 하나님의 마음을 충분히 짐작할 수 있었습니다. 제게 그들을 향한 하나님의 부드러운 음성이 들려오는 듯합니다.

"고맙다."

유기성 | 선한목자교회 담임목사

컴패션 창립 60주년 기념예배 설교를 맡아 갔을 때, 〈그 한 사람, 스완슨〉이라는 뮤지컬 공연을 보았습니다. 스완슨 목사님 한 사람이 한국 땅의 굶주린 어린이들을 보고 하나님의 긍휼을 품었을 때, 하나님은 60년 후 전 세계 백만이 넘는 가난한 어린이들을 바라보고 계셨을 것을 생각하니 가슴이 벅차올랐던 기억이 있습니다. 아 책을 보며 서정인 목사님 한 사람을 부르시어 아버지의 마음을 알게 하시고, 10만여 명의 후원자들을 모으신 이 놀라운 기적을 보며 다시 한 번 감동했습니다. 그리스도의 사랑으로 양육되는 세계 곳곳의 한 어린이를 통해 하나님이 어떤 일을 하실지 궁금해지는 이유입니다! 저와 여러분이 바로 이 한 사람이 되기를 간절히 소원하며 일독을 권합니다.

이찬수 분당우리교회 담임목사

이 책을 읽으며 여러 번 눈물을 흘리지 않을 수 없었습니다. 어려운 현실 속에서 고통당하는 아이들로 인해 가슴이 아프기도 했지만, 그들을 우리 곁에 보내셔서 참사랑이 무엇인가를 깨닫게 하시려는 주님의 마음이 느껴졌기 때문입니다. 그러면서도 그분의 마음과 눈길을 외면하면서 살아가는 내 모습이 주님께 부끄럽고 죄송했기 때문입니다.

눈앞에 펼쳐진 하나님의 일을 읽어 내려가는 것도 좋았지만 그 가운데 하나님의 마음이 느껴져서 참 좋았습니다. 서정인 목사님이 사역자의 마음이 아니라 아버지의 마음을 고백하는 진심이 책 곳곳에서 전달됩니다. 그렇습니다. 하나님은 우리의 초점이 사역이 아니라 사람이기를 원하십니다. 우리의 사명은 다름 아닌 사람을 살리는 것이기 때문입니다. 처음 컴패션을 설립한 스완슨 목사님이 목회를 접고 이 일을 시작한 이유도 그것입니다. 그는 일반 사회복지 단체를 설립하고자 했던 것이 아니라 하나님의 사랑이 전해져 죽어가는 영혼들을 살려내기 원

6

했습니다. 지금도 이러한 컴패션의 정신이 전 세계 11개 후원국에서 그리고 특별히 한국에서 꾸준히 이어져오고 있습니다. 그러기에 한국교회들과 성도들은 하나님 사랑의 실천을 위해, 이 민족에게 한량없는 은혜를 주신 하나님의 부르심에 응답하기 위해서라도 컴패션 사역에 동참해야 한다고 생각합니다. 이 책을 읽으면서 다시 한 번 한 사람의 소중함을 느꼈습니다. 어린아이 하나를 살려냄으로 그 아이가 가정의 희망이 되고 그 나라의 소망이 되는 것을 봅니다. 또한 서정인 목사님 한 분을 통해서 한국컴패션이 이토록 놀랍게 사역을 펼쳐가는 것을 보게 됩니다. 하나님은 한 사람을 통해서 일하시는 분입니다. 저는 이 책을 읽는 한 사람 한 사람이 그런 영향력을 갖게 될 것이라 생각합니다. 따스한 하나님의 사랑을 맛보고 영적인 침체에서 회복되어 일어날 것입니다. 영적 성장을 원하는 분들과 신앙의 본질에 대해 고민하시는 분들에게 강력하게 추천합니다.

신앙의 본질은 교리적인 이해나 개인적인 성공에 있는 것이 아니라 하나님의 사랑이 품어지고 나눠지는 삶의 현장에 있음을 깨닫게 될 것입니다. 우리 모두의 영혼에 지울 수 없는 감동을 주신 서정인 목사님과 컴패션 여러분께 진심으로 고맙다는 말씀을 전하고 싶습니다.

이재훈 온누리교회 담임목사

이 책은 고품격 하나님의 사랑 이야기면서 동시에 부조리한 세상에서 겨우 존재하듯이 살아가는 얼굴 지워진 지구촌 이웃들의 이야기입니다. 하나님은 저

존무상하시어 높고 거룩한 데 거하시지만 여러 이유로 으스러지고 망가진 인생의 쓰라린 마음을 누비시며 전율하시고 애타하시는 분입니다. 하나님은 당신의 이 거룩하고도 자기하강적인 성품 때문에 당신의 생명으로부터 가장 멀리 떨어져 내팽개쳐진 인생들의 슬픔에 공명하시고 응답하십니다. 실로 부조리하고 모순 가득 찬 이 세상에서 잊히고 부서진 사람들의 누추한 삶의 자리를 찾아다니시는 하나님의 잠행(潛行)을 감지하는 사람은 극히 드뭅니다. 그중 한 사람이 시작한 운동이 바로 컴패션입니다. 이름 그대로 신적(神的) 동정심과 애타는 마음으로 세계의 가장 외지고 엄혹한 마을을 찾아다니는 국제어린이양육기구입니다.

1952년 한국전쟁의 참화 속에서 발생한 10만 명의 고아를 위해 사랑의 팔을 뻗은 국제컴패션의 한국지부가 세워지는 과정부터 이제는 어엿한 후원국가가 되어 지구촌 벽지 곳곳을 찾아다니는 활동상을 소담스러운 이야기로 풀어내는 이 책은 매 쪽마다 가슴 깊은 곳을 울립니다.

이 책은 하나님의 마음에 고도로 감응하는 영적 감응자들의 분주하고 기동력 넘치는 발품의 기록이자 분투입니다. 캠패션은 외양의 기독교를 표방하기보다는 알짬의 기독교를 만민이 납득하도록 육화시켜 보여줍니다. 캠패션의 사랑은 전도나 개종을 유도하기 위한 미끼나 수단이 아니라 그 자체가 최종 메시지입니다. 그래서 종교, 인종, 이념을 뛰어넘는 보편언어인 사랑의 표현에 능숙합니다. 서정인 목사님이 캠패션에 투신하게 된 스토리부터 마지막 북한 어린이를 향한 꿈 이야기까지 순식간에 익히는 이 책은 긴 감동과 각성의 메아리를 남긴 채 독자 주변을 맴돌 것입니다.

누가복음 16장에 나오는 부자는 자기 집 대문 앞에 와 구걸하는 거지 나사로를 통해 아브라함의 품으로 안기도록 예정되었으나 냉혹함과 무감각으로 나사로의 불행에 마음을 닫아버렸습니다. 이 책을 다 읽고 나면 독자는 변장한 천사 같은 나사로를 외면하는 어리석은 부자처럼 살지 않을 것이며, 대신 자신의 집 대문에 누워 헐떡이는 나사로를 위해 거룩한 낭비를 일삼는 동정심의 화신이 될 것입니다. 가난하고 버림받은 자들과 일촌으로 맺어진 자는 복되도다!

김회권 | 숭실대 교목실장 겸 기독교학과 교수

"작은 불꽃 하나가 큰불을 일으키어, 곧 주위 사람들 그 불에 몸 녹이듯이 …" 이렇게 시작하는 복음성가가 있습니다. 일찍이 그 사랑의 작은 불꽃 하나가 스완슨 목사님으로부터 시작되어 큰불을 이루었듯이, 지금부터 10년 전에 그 작은 사랑의 불꽃 하나가 한국 땅에서 다시금 서정인 목사님을 통하여 시작이 되었습니다. 작은 불꽃은 거룩한 사랑과 기적의 릴레이로 이어져 이제는 전 세계의 고통받는 12만 명의 어린이들이 그 불에 몸을 녹이게 되었습니다. 이 기적과 감동의 스토리가 담긴 이 책은 진정 감사의 눈물 없이는 결코 읽을 수 없는 책입니다.

예수님은 "누가 강도 만난 자의 이웃이 되겠느냐?"라고 물으셨음에도 불구하고 오늘날 많은 사람들은 "내게 유익하고 필요한 이웃이 누구인가?" 하고 실리적인 관점에서 이웃을 바라봅니다. 그러나 이 책에 등장하는 사람들이야말로 강도 만난 자의 친구가 되어주기 위해 자신의 시간, 은사, 물질, 마음과 정성을 쏟은 선한 분들임을 바라볼 때, 능히 이 책의 제목처럼 우리 주님이 한 분 한 분에게 "나를 대신해서 그 사랑의 불꽃이 되어주어서 고맙다"라고 하시지 않을까 생각합니다. 저는 이 책을 이 시대의 '사랑행전'이라 부르고 싶습니다. 사랑과 감동의 기적이 가득히 담긴 이 책의 출간과 함께, 더 큰 사랑의 불꽃이 일어날 것을 소망합니다.

조건회 예능교회 담임목사

하나님이 구원받은 자들에게 주신 명령은 크게 두 가지로 축약됩니다. 하나는 대사명으로 알려진 '가서 제자 삼으라(마 28:18-20)'이고 또 하나는 대계명으로 알려진 '서로 사랑하라(요 13:34,35)'입니다. 이 두 명령이 굉장히 중요하기에 그 명령을 담은 구절들을 해석하기 위해 수많은 논문과 글들이 쏘였던 것입니다. 본서는 읽기에 너무나 쉬운 삶의 이야기들입니다. 너무 쉬워서 한 자리에서 단숨에 다 읽을 수 있을 정도입니다. 그런데 그 쉬운 이야기들 안에 그리스도인들을 향한 가장 중요한 두 명령이 그대로 나타나 있습니다. 그 뜻이 분명하게 나타내서 본서를 읽고 나서는 누구도 하나님이 주신 그 명령들을 이해하지 못했다거나 오해했다고 변명할 수 없을 것입니다. 하나님께 진실로 순종하기 원하는 모든 자에게 이 책을 추천합니다.

박정근 영안교회 담임목사

요즘 대부분의 NGO나 선교단체가 프로젝트 지향적인 데 반하여 컴패션은 늘 예수님 중심, 사람 중심입니다. 컴패션은 일회성 이벤트나 단순한 구제활동이 아닌 영구적 변화와 열매를 맺는 생명사랑, 생명비전 운동을 지향하고 있습니다. 후원비 지급의 차원을 뛰어넘어 어린이의 지적, 신체적, 사회·정서적, 영적 성장을 체크하며 전인적으로 양육하고 있습니다. 본서 저자이신 여사무엘과 함께 저는 서정인 대표와 함께 컴패션 현장을 몇 차례 둘러보며 큰 감동을 받았습니다. 30년 동안 세계 곳곳의 선교지를 돌아본 자로서 컴패션 선교야말로 '퍼펙트 미션'이라고 말하고 싶습니다. 어린이 한 명을 도와주면 가정이 살고, 교회가 부흥하고, 사회가 변하는 최상의 효율적 사역을 직접 보았기 때문입니다. 더구나 21세기 선교의 핵심대상은 어린이들입니다. 서정인 대표는 지난 10여 년 동안 전 세계 12만 명의 아이들을 아버지의 가슴으로 돌보는 일에 청춘을 바쳐왔습니다. 지구를 수십 바퀴 돌만큼 세계 곳곳의 아이들을 찾아다니며 뜨거운 사랑을 쏟고 있습니다. 그의 가슴과 혈관에는 어린이를 사랑하는 예수님의 긍휼로 가득 차 있습니다. 어린이들을 위해 자신의 혼신을 다 쏟아 바치면서도 그들의 변화와 성숙 때문에 자신이 더 "고맙다"라고 말합니다. 그래서 이 머리글을 읽는 독자분들도 이 책을 통하여 세상은 아직도 희망이 있음을 확신하게 될 것입니다. 당신도 한 어린아이를 돌봐주므로 한 가정이, 지역이, 그리고 한 나라가 살아나는 일에 동참하는 사랑의 사역자가 될 것입니다. 그래서 우리도 서정인 대표가 말하는 "고맙다"의 의미를 알게 될 것입니다.

조봉희 | 지구촌교회 담임목사

1952년 주님께서 스완슨 목사님을 이 땅의 죽어가는 어린이들을 위해 보내셔서 기적을 이루셨듯이, 2003년 주님은 서정인 목사님과 한국컴패션을 이 땅에 세우셔서 그 사랑의 빚을 다시 전 세계 죽어가는 생명을 살리는 일에 쓰고 계십니다. 한 영혼을 향한 애끓는 아버지의 마음과 사랑에 붙들려 사역하고자 하는 컴패션을 통해 주님이 보여주시는 기적과 사랑을 모든 이들과 함께 나누길 간절히 소망합니다.

문애란 | Grace & Mercy 글로벌문화재단 이사장

한껏 들뜬 크리스마스이브 벽난로 앞에 앉을 때 온몸으로 전해져오는 따스함과 설렘처럼, 컴패션과 함께한 지난 8년이 저희 부부에게 그러한 시간이었습니다. 혼자가 아니라 둘이였기에 더 따뜻했고, 둘이 전부가 아니라 수많은 어린이들과 후원자들과의 새로운 만남이 있었기에 가슴 벅차는 시간이었습니다.

서정인 대표님을 만나 컴패션의 후원자 겸 자원봉사자가 되면서 저희는 수십 명 아이들의 부모가 되었고, 그 전에는 만질 수도 없고 꿈꿀 수도 없었던 또 다른 세상을 선물 받았습니다. 이름도 알지 못했을 한 어린이의 고통에 함께 아파하는 세상, 한 어린이의 깊은 절망이 내일의 희망으로 바뀌는 세상이 우리에게 주어진 것입니다. 이곳에서 누릴 수 있는 천국의 기쁨을 많은 사람들이 함께 꿈꾸고 누리게 되길 진심으로 소망합니다.

차인표·신애라 | 연기자

한 아이를 향한 compassion. 그 긍휼한 마음으로 사랑을 행했을 때, 한 아이가 가난에서 벗어나고, 한 가족이 변화되며, 한 나라가 성장하는 기적을 꿈꿀 수 있었습니다. 그런데 이보다 더 큰 기적은 바로 이 작은 사랑을 행하는 우리가 하나님 아버지의 마음을 조금 더 알아가면서, 삶에 감사가 늘어나고 행복이 더해진다는 것입니다. 서정인 대표님이 이 책에서 나눠주신 고백들은 이 시대를 살아가는 모든 이들을 향한 예수님의 사랑 이야기이자 또 우리가 행해야 할 예수님을 향한 우리의 사랑 이야기입니다.

션·정혜영 | 가수, 연기자

당신이 지금 이 세상에 왜 존재하는지 모르겠다면, 이 세상에 나 혼자 덩그러니 놓여 있는 것 같고 인생이 덧없게만 느껴진다면, 따뜻한 차 한 잔과 함께 이 책을 펼쳐보길 권합니다. 얼마나 많은 사람들이 당신 곁에서 함께 숨을 쉬며 그 따듯한 온기를 곳곳에 전해주고 있는지 알게 될 것입니다. 다른 이를 도우려는 선한 마음이 결국에는 나를 일으키고, 살린다는 것을 깨닫게 될 것입니다. 그리고 이 책을 덮는 순간 당신도 한 어린이를 만나게 되길 소망합니다. 뜨거운 가슴으로 서로의 아픈 마음을 녹이고 그 위에 희망을 선물해주길 바랍니다. 당신이 다음 책의 주인공입니다.

이성미 | 개그우먼

한국전쟁의 참상 가운데 쓰레기 더미로 내몰린 한 어린 영혼을 위해 만들어진 이 단체가 오늘날 수많은 어린이들을 양육하는 데에 이른 것은 그야말로 '기적'입니다. 그리고 이 기적의 근원지는 바로 컴패션 후원자들의 가슴속입니다. 굶주림과 거친 노동에 시달리는 어린이들을 바라보며 일었던 마음속 사랑의 요동이 모여 이 거대한 흐름을 이루어내고 있는 것입니다. 단순한 기록이 아닌 한국 후원자들이 어린이들과 함께 손잡고 일궈온, 희망과 격정이 고스란히 담겨 있는 이 생생한 기적의 현장 가운데로 당신을 초대합니다.

한학수 | MBC PD

많은 사람들이 다른 이를 돕고자 하는 것은 돈이 많거나 삶이 넉넉해서가 아니라 하나님께서 그들의 마음속에 '선한 양심'을 심어주셨기 때문이라는 저자의 말이 가슴에 와 닿았습니다. 차인표 씨를 만나 나눔의 불씨를 당기는 일에 일조한 것이 참 기쁩니다. 받는 사람보다 주는 사람이 더 기쁘고 행복하다고 힐링캠프에서 자신감 있게 얘기하던 차인표 씨와 밝고 또렷한 눈빛을 잊을 수 없습니다. 그 감동을 한 번 더 느끼고 싶다면 이 책을 권해드립니다. "주는 사람이 더 행복합니다"라는 외침이 이 책 속에 가득하니까요.

최영인 | SBS 〈힐링캠프, 기쁘지 아니한가〉 CP

'도움을 받던 나라'에서 '도움을 주는 나라'로 성장한 대한민국은 하나님의 큰 축복을 받았습니다. 돌아보면 제 삶도 그러합니다. 주님의 은혜와 수많은 이들의 격려가 없었다면 지금의 무대 위 저는 없었습니다. 아마 아직도 캄캄한 어둠 속에서 길을 찾아 헤매고 있을 테지요. 도움이 필요한 누군가에게 꿈과 희망이 되어주는 일, 그리고 그들이 또 다른 이들의 소망이 되게 하는 일이야말로 우리를 창조하신 하나님의 계획이고 목적이 아닐까요? 이 귀한 사역을 감당하며 오직 주님의 영광을 위한 크나큰 비전을 열어가는 컴패션의 순수한 열정을 사랑합니다. 이 책을 통해 한국컴패션이 이루어나갈 하나님의 놀라운 역사 속에 작게나마 동참하기를 소망해봅니다.

김범수 | 가수

가난한 사람은 더욱 가난해지고 부한 사람은 더욱 부해지는 세상을 보며 하나님의 공의(公義)를 의심하던 시절, 저는 세 명의 아이들 앞에 놓인 세 개의 빵은 당연히 하나씩 나누어 갖는 것이 공평이라고 여겼습니다. 그러나 하나님은 한 아이에게 빵 세 개를 주시며 "나누어라" 곧 "사랑하라"고 말씀하셨습니다. 그 순간 저는 하나님께서 불공평하셔서가 아니라 내가 나누지 않음으로 세상이 불공평해졌다는 사실을 깨달았습니다. 함께 나누고 서로 사랑함으로 하나님의 말씀을 행하는 컴패션의 이야기는 읽는 내내 제 마음에 깊은 울림을 전해주었습니다. 이 진한 러브 스토리가 여러분의 삶 속에서도 '명사'가 아닌 '동사'로 기억되길 바랍니다.

이영표 | 전 국가대표 축구선수

딸의 졸업식을 기다리며

저는 세 아들의 아버지입니다. 올망졸망한 세 아들들을 나란히 앉혀 놓고 동요를 불러주며 하나님이 세상을 창조하셨다는 성경 이야기를 들려준 것이 엊그제 같은데 눈 깜짝할 사이에 훌쩍 자라 지금은 다들 저보다 키가 큽니다. 얼굴도 더 잘생겼습니다.

이렇게 말씀 드리면 제가 무척 자상한 아버지인 것 같지만, 사실 저는 일 년 중 절반은 집에 들어가지 못하는 바쁜 아버지입니다. 또 성격도 급해서 아들들의 행동이 조금 굼뜨다고 생각될 때에는 버럭 화를 내기도 했지요. 그러다가도 금방 후회하며 미안하다고 말하기도 하지만요.

언젠가 아이들과 식사 자리에서 "너희들을 위해 아빠가 해줄 수 있는 게 뭐가 있을까" 물어보았습니다. 아니나 다를까 아들들은 제 급한 성격을 말해주었고, 그 뒤로 꾸준히 노력해 지금은 화 날 일이 생겨도 잠시 누르고 아내에게 자초지종을 물어본 다음, 정리해서 말하는 정도는 된 것 같습니다. 그동안 아들들의 졸업식, 생일 등 소중한 순간을 놓친 것이 두고두고 아쉽습니다. 그래서 아들들에게 종종 말해줍니다.

"너는 정말 잘될 거야. 하나님이 너를 얼마나 사랑하시고 축복하시는데. 네가 자랑스럽다."

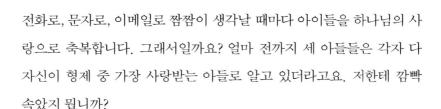

전화로, 문자로, 이메일로 짬짬이 생각날 때마다 아이들을 하나님의 사랑으로 축복합니다. 그래서일까요? 얼마 전까지 세 아들들은 각자 다 자신이 형제 중 가장 사랑받는 아들로 알고 있더라고요. 저한테 깜빡 속았지 뭡니까?

이런 아들들 생각에 미소 짓다 보면, 하나님 아버지의 사랑이 떠오릅니다. 저 같은 평범한 아버지도 자식에게 좋은 것을 주려고 노력하는데 하물며 고아들의 아버지라고 스스로를 자처하시는 하나님 아버지의 절절한 사랑은 어떠할지 말입니다.

저는 국제어린이양육기구 컴패션의 한국 대표를 맡고 있습니다. 현지에서 어린이들을 만나다 보면 종종 하나님 아버지의 마음과 맞닥뜨리게 됩니다. 가난 속에서 쓰러져 가는 어린이들을 보며 그들을 안고 아파하시는 하나님의 마음을 접할 때면 가슴이 먹먹해집니다.

하지만 그 안에는 안타까움만 있는 것이 아닙니다. 자랑스러움, 고마움, 소망과 희망이라는 축복의 마음이 가득합니다. 처음에는 미처 몰랐던 이 마음을 점점 더 많이 배워갑니다. 그리고 이 마음이 제 아들들에게도 전해지는 것을 느낍니다. 이 마음은 컴패션 안에서 한 가족이 된 전 세계 12명의 자녀에게도 동일하게 흘러갑니다.

2003년, 저희 가족에게 특별한 일이 생겼습니다. 아들만 셋 있던 저희 부부에게 처음으로 딸이 생긴 것입니다. 눈이 정말 예쁜 제 딸의 이름은 '준 마리 마글라상'입니다. 준은 저희 가족에게 생긴 첫 번째 딸이자, 한국컴패션이 설립되어 후원하게 된 첫 번째 어린이기도 합니다. 준은 필리핀 세부에서 엄마와 할머니, 동생과 함께 살고 있습니다.

컴패션어린이센터에서 처음 준을 만났는데 준은 내성적인 성격에 수줍음이 많아 별 말이 없었습니다. 준을 낳아준 아빠는 오래전에 집을 나갔습니다. 그래서인지 눈앞에 나타난 저라는 존재가 준에게는 어쩌면 낯설었을지도 모릅니다.

처음 준의 집을 방문하러 갈 때였습니다. 계속하여 시장 한복판으로 들어가는 것이 이상했는데, 도저히 사람이 살 것 같지 않은 시장 골목에 오두막 같은 준의 집이 있었습니다. 같은 동양인이지만 필리핀 사람에 비해 피부가 하얀 제가 카메라까지 들고 있으니 시장 안이 시끌벅적해졌습니다. 사람들이 우리 주위로 몰려들자 준은 더 부끄러워하며 엄마 뒤로 숨었습니다.

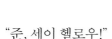

"준, 세이 헬로우!"

준의 엄마는 먼 곳에서 딸을 만나러 온 후원자에게 고마운 마음에 "안녕하세요!"라고 인사하라고 아이를 다그쳤습니다. 그런데도 준은 저와 눈도 맞추지 않았습니다. 저는 분위기를 바꿔볼 마음으로 한국에서 준비해간 바비 인형 상자를 얼른 꺼냈습니다.

"너에게 주는 선물이야."

조심스럽게 포장지 귀퉁이를 뜯던 아이는 인형이 보이자 얼굴이 환해졌습니다.

"세이 땡큐!"

그 모습을 보던 엄마가 "고맙습니다!"라고 말하라고 준을 다시 다그쳤습니다. 후원자에게 고맙다고 말도 못하는 딸에 대한 민망함과 미안함이 엄마의 목소리에 가득했습니다. 저는 준이 부담스러워 할까 봐 계속하여 엄마에게 말을 걸었지요. 그러는 동안 준은 상자에서 새 인형을 꺼내지도 못하고 부속으로 달려 있는 인형 머리빗만 꺼내서 만지작거리고 있었습니다. 당시 이십 대였던 준의 엄마는 아이를 양육해주는 것에 대해 연신 감사를 표했습니다.

"준을 양육해주셔서 정말 감사해요. 저도 고등학교 과정을 다닐 수 있게 되어서 얼마나 기쁜지 몰라요."

엄마와 대화를 마치고 돌아가기 전 저는 아직도 인형을 만지작거리는 준의 옆에 가서 귀에 대고 속삭이듯 말했습니다.

"준, 나는 이제 가야 해. 부탁이 하나 있는데 꼭 들어줘야 하는 건 아니야. 혹시 나를 한번 안아줄 수 있겠니?"

말을 하고 거기 그대로 있으면 아이에게 부담이 될까 봐 다시 제자리로 와서 앉았습니다. 그런데 준이 아무 말 없이 인형을 테이블 위에 올려놓더니 자신도 테이블 위로 올라갔습니다. 그러고는 제 앞으로 와서 저를 꼭 껴안았습니다. 오랫동안 준은 저를 놓지 않았습니다. 준은 한마디도 하지 않았지만 저는 그 아이의 작은 가슴에서 느껴지는 마음의 소리를 다 들을 수 있었습니다.

그리고 몇 년이 지났습니다. 필리핀 어린이센터 연합 운동회에 참석하기 위해 필리핀을 방문했을 때, 저는 준을 다시 만날 수 있었습니다. 어린이센터별로 100명이 넘는 아이들이 각색의 셔츠를 입고 버스에서 내려 운동장으로 모였습니다. 제가 선물로 사온 청바지를 입은 준은 훌쩍 자라 있었습니다. 운동회를 마치고 식사 시간에 잠깐 준에게 가서 말했습니다. "준, 내게 편지를 보내줘서 고마워. 나는 너를 위해 매일 기도한단다." 아이는 여전히 부끄러운 듯 아무 말도 하지 않았습니다. 저는 곧 단상에 올라가 축도를 하고 모든 일정을 끝낸 후 아이들을 향해 말했습니다. "모두 각자의 버스로 뛰어가세요!"

새파란 하늘 아래에 다채로운 색깔의 옷을 입은 수많은 아이들이 한꺼번에 뛰어가는데 그 장면이 얼마나 예쁘던지 쉴 새 없이 카메라 셔터를 눌렀습니다. 그리고 한국에 돌아와 사진들을 정리하다가 문득 한 아이의 행동이 눈에 들어왔습니다. 달려가는 수많은 아이들 가운데 오직 한 아이만 고개를 돌리고 있었기 때문입니다. 그 부분을 확대해보니 그 아이는 바로 준이었습니다. 준의 손은 엄마에게 붙들려 있었지만 얼굴은 단상에 있는 저를 향하고 있었던 것입니다. 순간 눈물이 왈칵 솟았습니다.

준이 살고 있는 필리핀은 매년 태풍으로 인해 심각한 피해를 입습니다. 2013년에도 태풍 하이옌이 필리핀을 강타해 인구의 10퍼센트가 피해를 입었고, 1만 명 이상이 사망했습니다.

필리핀컴패션 어린이센터 128개가 하이옌의 지역 안에 있었습니다. 양육기구인 컴패션은 지역 협력 교회를 기반으로 일합니다. 현지 직원들과 사역자들이 건물이 무너지는 등 물질적 피해는 있었지만 사망한 어린이가 없다는 소식을 전해올 때 우리는 벌떡 일어나 박수를 쳤습니다. 매년 이런 일이 있을 때마다 저는 필리핀에 살고 있는 준을 비롯한 제 아이들 생각에 마음이 조마조마해집니다.

후원 대상국에서 재해가 나면, 각국의 컴패션 본부로 피해 어린이들의 명단이 옵니다. 어느 날 피해를 입은 어린이들의 명단을 살펴보고 있는데 한 아이의 이름에 제 시선이 멈췄습니다. 바로 준이었습니다.

그동안에도 준과 편지를 주고받았는데, 집이 폭우로 무너졌다는 이야기는 적혀 있지 않았습니다. 평소 자신의 이런저런 이야기를 잘 나눠주던 아이가 제가 걱정할까 봐 소식을 전하지 않은 것이지요. 마침 필리핀 일정이 있던 저는 어렵게 준이 사는 곳으로 행선지를 조정하여 준을 만나러 갈 수 있었습니다. 교회 수련회에서 며칠 동안 잠을 설치며 자신보다 어린 학생들을 돌보고 돌아온 준은 저를 보자 울음을 터트렸습니다. 우는 이유를 물어도 답을 못했습니다. 살짝 준의 엄마에게 물어

보니 재난을 당했다고 한국에서부터 아빠가 달려와주었다는 사실에 준이 며칠 전부터 기뻐했고, 막상 제 얼굴을 보자 눈물이 터진 것 같다고 했습니다. 그 와중에도 준은 선생님이 되고 싶은 자신의 꿈을 이야기했습니다. 준이 정말 대견해 보였습니다.

"하나님께서 너를 얼마나 많이 사랑하시고 축복하시는지 알지? 아빠가 함께해줄게. 넌 할 수 있어."

집을 잃은 어린이를 위한 컴패션의 양육보완프로그램으로 준은 곧 새 보금자리에서 지낼 수 있게 되었습니다. 그리고 몸이 약한 엄마는 직업교육을 받게 되었습니다.

어느덧 숙녀가 된 준은 지금 고등학교 졸업을 위해 열심히 공부하고 있습니다. 저는 준과 약속한 것이 있습니다.

"네 고등학교 졸업식에 아빠가 꼭 참석할게."

요즘 준의 편지는 온통 졸업식 이야기뿐입니다. 저 또한 내년에 있을 사랑하는 제 첫 번째 딸의 졸업식이 무척이나 기다려집니다.

서정인

PART 4

기적을 만드는 사랑의 통로

PART 5

아버지를 닮아가는 축복

에필로그
감사의 말

PART 1

하나님의 시선이 머무는 곳

Thank
you and
God Bless
you

사진 찍지 말아주세요

쓰레기가 산처럼 쌓인 광경을 본 적이 있나요? 아마 사진이나 영상으로 이런 쓰레기산에 사는 사람들의 이야기를 접한 분들도 있을 것입니다. 사진과 영상으로 볼 때에는 어마어마한 쓰레기의 양과 크기에 압도당했을 것이라고 짐작합니다. 하지만 필리핀의 실제 그 현장 앞에 도착했을 때 저를 압도한 것은 혹렬한 악취였습니다.

눈만 내놓고 수건으로 얼굴을 가렸지만 소용없는 일이었습니다. 코는 마비된 지 오래였고, 눈과 머리가 욱신거리면서도 저는 무언가를 찾고 있었습니다. 그것은 이 참혹한 쓰레기산 안에 살고 있다는 사람들, 그중에서도 어린이들의 모습이었습니다.

2003년 초, 한국컴패션이 후원국으로 막 활동을 시작할 때였습니다. 아직 설립예배를 드리기도 전이었고 직원은 저를 포함한 단 네 명이 전부였습니다. 저는 사무실 관리, 행사 섭외와 진행, 차량 운행은 물론 현지에 나가 사진을 찍어오는 역할까지 할 수 있는 모든 일을 맡아 하고 있었습니다.

저는 가난 속에 살아가는 비참한 어린이들의 모습을 한국에 알리고자 했습니다. 필리핀의 쓰레기장 안에 산다는 어린이들의 모습을 찍어 한국 후원자들의 마음을 움직이고자 했던 것이지요. 하지만 웬일인지 어린이들이 보이지 않았습니다.

이윽고 한켠에서 요란한 소리를 내며 덤프트럭 한 대가 쓰레기를 가득 싣고 들어왔습니다. 트럭이 쓰레기를 붓자, 자욱한 먼지 사이에서 꼬물꼬물 움직이는 모습이 보였습니다. 어린이들이었습니다. 어린이들이 쓰레기 언덕을 넘어 덤프트럭에서 쏟아지는 쓰레기를 향해 움직이고 있었습니다. 이 아이들의 일은 돈이 될 만한 쓰레기를 모아 파는 것이었습니다. 큰 아이들은 고철과 플라스틱을 모으고 작은 아이들은 먹을 것을 찾았습니다.

그때 한 아이가 쓰레기 더미에서 주운 것을 먹고 있는 모습이 제 눈에 들어왔습니다. 저는 잽싸게 카메라를 들었습니다. 인기척을 느낀 아이가 살며시 고개를 떨구었습니다. 하는 수 없이 다른 아이를 찾아 사진을 찍으려고 하니 그 아이도 카메라를 피하기는 마찬가지였습니다. 제대로 어린이의 모습을 담을 절호의 찬스를 노렸지만 번번이 허탕을 쳤습니다. 살짝 지쳐갈 무렵 어디선가 외치는 소리가 들렸습니다.

"야 찍혀줘! 어차피 너와 나는 다 여기서 이렇게 살다가 가는 거야."

현지 직원에게 이 말의 의미를 전해 들었습니다. 그제야 저는 제가 찍으려던 사진의 진짜 의미를 깨닫게 되었습니다.

마침 쓰레기를 뒤져 먹을 것을 입에 넣고 있던 한 아이와 눈이 마주쳤고, 저는 반사적으로 카메라를 들었다가 렌즈 속에서 아이의 눈빛과 마주쳤습니다. 까만 두 눈 속에 말없는 슬픔과 공허함이 있었습니다. 그 눈이 이렇게 말하는 것 같았습니다.

'저도 알아요. 여기 버려진 쓰레기처럼 저도 버려진 존재라는 걸요. 미래도 희망도 없다는 걸 말이에요. 하지만 아무리 그런 저라도, 제발 저를 그렇게 보지는 마세요.'

실은 제가 카메라에 담으려던 모습이 바로 그랬습니다. 미래도, 희망도 없이 버려진 아이가 있음을 사진에 담고 싶었던 것입니다. 그런데 이 작은 영혼이 부끄러움과 수치로 저에게 하소연하고 있었습니다.

'저를 찍지 말아주세요.'

순간 머리가 멍해졌습니다. 바로 그때 하나님의 생각이 제 안으로 파도처럼 밀려왔습니다. 하나님은 저항할 수 없는 조용한 음성으로 말씀하셨습니다.

'네가 무엇을 보고 있느냐? 내 눈에는 너무나 귀하고 소중한 생명이구나.'

하나님은 저와 같은 시선으로 이 아이를 보지 않으셨습니다. 사랑스럽고 소중하고 귀한 한 생명으로 보고 계셨습니다. 팔에 힘이 빠지면서 카메라를 내려놓을 수밖에 없었습니다. 마치 깜냥도 모르면서 남의 자식을 돕겠다고 덤비다가, 그 아이의 존재 자체를 기뻐하며 아이를 전심으로 사랑하는 진짜 아버지와 정면으로 만난 것 같았습니다.

저는 정말 하나님 안에서 이 어린이들을 위해 최선을 다하려고 했습니다. 하지만 같은 장소, 같은 절망 속에서 하나님과 저는 완전히 다른 것을 보고 있었습니다. 하나님과 저의 시선의 차이는 크고 깊었습니다. 생명을 생명으로, 소망을 소망으로 보지 못했던 저는 자격 없는 아빠처럼 막막하고 부끄러운 마음으로 쓰레기산 한복판에 서 있었습니다.

한 통의 전화

        필리핀의 쓰레기 마을을 방문하기 약 반 년 전쯤, 저는 이와는 전혀 상반된 앞날을 설계하고 있었습니다. 비참한 어린이 사진을 찍기 위해 동분서주하는 일은 제 계획에 들어 있지 않았습니다. 당시 저는 시카고에 있는 트리니티신학대학과 미시간에 있는 코너스톤 대학에서 청빙을 받아 두 학교 중에 한 군데를 결정하면 되는 상황이었습니다. 두 곳 모두 훌륭한 학교였습니다. 마흔을 앞둔 저에게 안정된 미래가 시작되려는 순간이었지요.

그런데 평소 말을 아껴서 하는 아내가 진지하게 조언을 해왔습니다.

"여보, 일이 너무 순조롭게 진행되는 게 아닐까?"

아내가 말을 이었습니다.

"우리가 모르는 사이에 혹시 안주하는 삶을 바라게 된 것은 아닐까 싶어서 그래. 하나님께서 당신에게 여러 경험을 하게 하신 데에는 분명히 이유가 있을 것 같아. 하나님의 다른 계획이 있을지 모르니 기도해 봐요."

저는 한국에서 태어나 어릴 때 부모님을 따라 미국으로 건너간 이민 1.5세로, 중학교 때부터 아기 보는 일, 주유소, 빌딩 청소 등 안 해본 일이 없었고, 고등학교 때는 청소일을 하던 프랜차이즈 음식점에서 최연소 지점장을 할 정도로 사업에 수완이 있었습니다. 또 대학 재학 중에는 형과 함께 프랜차이즈 지점을 세 곳이나 운영할 정도로 사업 경력도 있었습니다. 그러다가 하나님의 부르심을 확신하고 신학교에 들어갔습니다. 이후 교회 사역과 선교단체, 대학 교수직을 경험했지요.

아내는 이 이야기를 하는 것이었습니다. 문화적으로는 미국과 한국을 경험했으며 사업가로서 목회자로서 또 교육가로서의 역할을 감당해본 제게 하나님의 다른 계획하심이 있을지도 모른다고 생각한 것입니다. 그럼에도 당장 사역이나 가르치는 일 말고 다른 범주의 일은 떠오르지 않았습니다. 하지만 아내의 말은 결정적일 때 제게 늘 하나님의 인도하심을 보여주었기에, 신뢰하는 마음으로 함께 기도해보기로 했습니다.

그러나 속으로는 이런 생각도 있었습니다.

'얼마 남지 않은 시간 동안 무슨 일이 일어나겠어.'

아내와 함께 기도를 시작한 지 일주일도 안 되어서 한 통의 전화를 받게 되었습니다. 자신을 국제컴패션 부총재 애드 앤더슨이라고 소개한 그는, 제가 초대 한국컴패션 대표로 추천을 받았으니 면접을 보러 오라고 했습니다.

작은 단체도 아니고, 많은 나라가 동참하는 '국제'기구에, 한 나라의 '대표'로 추천을 받았다는 것은 무척 영광스러운 일이었습니다. 하지만 편안한 미래가 보장된 상황에서, 그것도 명망 있는 대학에서 청빙을 받은 이 시점에, 예측불허한 사역에 대한 제안은 무척 당황스러운 일이기도 했습니다. 또한 저는 컴패션이 무슨 일을 하는 기관인지도 전혀 알지 못했습니다.

"컴패션이 뭐죠? 월드비전은 아는데 컴패션은 뭡니까?"

컴패션은 1952년도 한국전쟁 중에 거리를 떠돌던 한국 어린이들을 위해 시작되었다고 했습니다. 이후 10만 명이 넘는 한국 어린이들을 '1:1 양육'으로 도왔으며, 1993년 한국의 경제성장을 축하하며 철수했다는 설명이었습니다. 또한 자신들이 말하는 1:1어린이양육이란 환경을 바꾸거나 먹을 것과 입을 것만 주는 것이 아닌, 부모가 자녀를 키우듯 먹이고 입히고 학교에 보내고 건강을 챙겨주며 사랑으로 양육하는 것을 의미한다고 하며 말을 이었습니다.

"저도 감격적인 철수 현장에 있었습니다. 이때까지만 해도 컴패션은 한국의 성장을 축하하고 그것으로 끝이라고 생각했습니다. 그런데 얼마 되지 않아, 후원자들의 도움으로 의사, 교사, 간호사, 목사로 성장한 사람들이 자발적으로 모여 컴패션이 한국으로 다시 돌아와야 한다고 요청했습니다. 급기야 국제컴패션 리더십을 한국에 초청해서 여러 가지 현장답사를 하게 한 끝에, 우리에게 한 가지 이야기를 들려주었습니다."

그러면서 그는 당시 한국 대표로 목사님 한 분이 국제컴패션 리더십에게 한 말을 해주었습니다.

"우리는 컴패션에서 후원자를 만나 하나님의 사랑을 알고 사랑을 받기만 했습니다. 하지만 그것만으로는 훗날 하나님 앞에 섰을 때 인생의 반만 말할 수 있습니다. 받은 사랑을 전할 수 있도록, 그래서 나머지 인생의 반 페이지를 써갈 수 있도록 컴패션이 한국에 들어와주십시오."

그 목사님은 이어서 또 한 가지 중요한 이유를 말해주었다고 합니다.

"우리의 부모님 시대에는 전쟁의 아픔과 고통 가운데서 위로해 주시는 하나님을 만났습니다. 우리 시대에는 가난과 굶주림 가운데서 경제를 일으켜 세워주시는 하나님을 만났습니다. 하지만 우리의 다음 세대는 부요함 가운데 하나님이 누구인지 모릅니다. 이제 컴패션이 들어와서 이 세대에 그리고 다음 세대에게 하나님을 알려주시길 바랍니다."

미국으로 돌아간 총재와 부총재, 그리고 리더십은 오랜 기도와 논의 끝에 한국을 컴패션의 열 번째 후원국으로 세우게 되었다는 이야기였습니다.

한국인도 아닌 미국인을 통해 전혀 몰랐던 모국의 반세기 역사를 새로운 관점에서 다시 듣게 된 저는, 거실에서 전화를 받고 있다는 사실은 희미해지고 '이게 기도 응답일까' 하는 생각에 온통 사로잡혔습니다.

"기도 응답이 맞네! 바로 이 일이 맞는 것 같아."

전화를 끊고 아내에게 전화 내용을 말하자마자, 아내는 길게 들을 것도 없다는 듯이 바로 대답했습니다. 얼떨떨한 제 마음과 다르게, 아내는 아직 제가 한국컴패션의 대표가 된 것도 아닌데 한국으로 돌아갈 짐을 하나씩 싸기 시작했습니다.

면접을 보기 위해 국제컴패션 사무국이 있는 콜로라도 스프링스로 갔습니다. 마케팅, 경영, 인사, 기획 등 각 부서 담당자가 수차례 여러 가지 질문을 했습니다. 그리고 마지막은 부부 면접이어서 아내도 함께 면접장으로 갔습니다. 총 6시간에 걸친 면접에 아내와 저, 둘 다 기진맥진해 있을 때 웨스 스태포드 국제컴패션 전 총재가 마지막 질문을 했습니다.

"왜 어린아이지요?"

왜 하필 어린이 양육을 하려는지를 묻는 그의 질문에 당장 생각나는 답이 없었습니다. 한국 때문에 시작되어 오랫동안 한국을 도왔고, 게다가 하나님의 사랑으로 한 생명을 양육하는 일이라는데, 부족한 저라도 필요하다면 하는 게 당연하다는 생각에 면접을 보러 간 것이긴 하나 이 질문에는 깊이 고민하지 못해 살짝 망설여졌습니다. 그러다가 마음속 깊이 있던 생각을 불쑥 내뱉게 되었습니다.

"제게는 세 아들이 있고, 저는 이 아이들을 사랑합니다. 제 아이들이 그토록 어려운 환경에서 자란다고 생각하면 가슴이 아파 견딜 수 없습니다."

말해놓고 보니 이게 기독교 교육가로서 또 오랫동안 현장에서 사역해 온 목사로서 할 법한 대답인가 싶었습니다. 전문가답게 설명하거나 확실한 어조로 하나님이 주신 사명이라고 말하지 못한 것이 후회되었습니다. 역시 준비가 덜 되었나 하는 마음에 고개가 숙여졌습니다.

하지만 아내는 오히려 이 대답이 자신의 마음을 울렸다고 했습니다.

"자기 자녀를 사랑하지 못하는데 어떻게 다른 아이를 사랑할 수 있겠어요. 나는 그 대답이 부모의 마음을 잘 전하는 것 같아서 더 좋았어요."

모든 면접을 마치고 마침 부총재를 만나, 면접자라면 누구나 궁금해 할 질문을 던졌습니다.

"언제쯤 결과를 알 수 있을까요? 저를 청빙한 대학교가 곧 새 학기를 시작하는데 그 전에 수업 스케줄을 잡으려면 한 달 안에는 대학 쪽에 답을 드려야 해서요."

부총재는 대번에 고개를 저었습니다.

"그건 어렵습니다. 지금껏 한 사람을 뽑는데 평균 7개월 이상이 걸렸습니다. 결정이 난 뒤에도 필요하다면 더 많은 경험이나 배움을 권유하고 있습니다. 게다가 리더십 회의에서 만장일치가 나와야 최종 결과를 알 수 있습니다."

난감한 대답이었습니다. 그런데 제가 앞날에 대해 고민하기도 전에 메일이 왔습니다. 제가 한국컴패션의 대표가 되었다는 소식이었습니다. 메일을 보낸 당사자는 고개를 설레설레 가로젓던 부총재였습니다. 그에게 전화해 물어보니 면접 다음 날, 리더십들이 모여 예배를 드리면서 만장일치로 결정을 했다는 것입니다. 그렇게 2002년 7월, 우리 가족은 미국으로 간 지 1년 만에 다시 한국으로 오게 되었습니다.

가난이라는 거짓말

        필리핀의 쓰레기산 한복판에서 저는 화가 나고 한 편으로는 막막했습니다.

'왜 이 어린이들은 이토록 굶주리고 고통받으며 지내야 하는가! 우리가 이 많은 어린이들을 어떻게 다 도울 수 있을까? 언제까지 도울 수 있을까!'

예수님은 가난한 자들이 우리와 항상 함께 있을 것이라고 신약성경 마가복음 14장 7절에 분명히 말씀하십니다. 창조 때, 하나님은 세상을 만드시고 자신의 형상을 따라 사람을 창조하신 다음 "지으신 그 모든 것을 보시니 보시기에 심히 좋았더라"(창세기 1장 31절)라고 말씀하셨습니다. 그런데 예수님은 하나님이 태초에 계획하셨던 것과는 전혀 다른 결과를 낳는 '가난'이 우리와 늘 함께한다고 말씀하시는 것입니다.

창조 때에 하나님께서 기뻐하시던 세상에 왜 가난과 굶주림이 있는 걸까요? 언제부터 세상이 이렇게 변했을까요?

하나님께서 보시기에 심히 좋았던 세상은 사람의 타락 이후 변했습니다. 예수님께서 가난이 계속될 것이라고 말씀하신 까닭은, 사람이 존재하고 이 사회의 죄와 악이 존재하는 한, 가난은 사라질 수 없기 때문입니다. 인간의 이기심과 탐욕이 '남들보다 더 많이 가져야 행복할 수 있다'고 우리를 속이고 있습니다. 이런 결과를 낸 이는 다름 아닌 우리, 바로 나였습니다. 그리고 이런 세상에서 가장 많이 희생당하는 것은 늘 연약한 어린이들입니다.

저는 가끔 가난한 나라에 태어나지 않아서 안도할 때가 있습니다. 하루 한 끼 먹기도 힘든 가정에 태어나지 않은 것을 감사할 때가 있습니다. 현지에 가면 굶주린 아이들을 보고 가슴 아파하며 눈물 흘리지만 호텔로 돌아오면 좋은 음식들을 먹습니다. 케냐의 빈민가를 다녀온 후 도무지 냄새 때문에 다시 신을 수 없는 신발을 쓰레기통에 버리며 제 자식들이 그곳에 살지 않아 다행이라는 생각을 자연스럽게 합니다. 이런 마음을 부인할 수가 없습니다.

하나님은 한 생명, 생명을 하나님의 형상으로 빚어 이 땅에 보내주셨습니다. 그런데 그 계획이 죄와 악으로 말미암아 완전히 소멸됩니다. 부모는 자녀가 아플 때 마음이 무너집니다. 자신이 대신 아플 수 있다면 그렇게라도 하고 싶을 것입니다. 하나님께서도 마찬가지라고 저에게 역설하고 계셨습니다.

"제 아이들이 그런 환경에서 자란다고 생각하면 가슴이 아파 견딜 수가 없습니다."

저도 모르게 면접장에서 했던 말이 제 안에서 메아리치고 있었습니다. 차마 저는 지구 저편 노동 현장에서, 빈민가에서, 성매매 현장에서 위태로운 삶을 이어가고 있는 어린이들을 제 자식처럼 생각하지 못했습니다.

저는 가난하고 연약한 어린이들을 위해 헌신했습니다. 하나님이 이 일로 부르셨다고 확신했기에 그저 달려가기만 하면 된다고 생각했습니다. 그러나 쓰레기 마을에서 마주친 어린이의 눈빛을 보며 깨달았습니다. 저는 정말 준비되지 못했다는 걸 말입니다. 기독교 교육가로서의 배움이나 사역자로서의 결단이 없어서가 아닙니다. 아버지의 마음이 없었습니다. 그리고 가난이 이 아이들에게서 무엇을 빼앗아 갔는지 알지 못했습니다.

2013년까지 국제컴패션 총재였던 웨스 스태포드 박사는 미국인이지만 유년시절을 선교사였던 아버지를 따라 서부 아프리카의 코트디부아르에 위치한 작고 외딴 마을에서 보냈습니다. 웨스는 그곳 부족민의 일원이 되어 행복했습니다. 자기도 까만 피부를 갖게 해달라고 매일 밤 기도할 정도였지요. 그리고 또래라면 누구나 우러러보는 원주민 알레자이를 특별히 좋아했습니다.

알레자이는 힘이 셌지만 자기보다 어린 친구들을 보호해주었고, 정글에 사는 온갖 새들의 울음소리를 흉내 냈으며 사냥에 능했습니다. 게다가 언어능력과 이해력이 탁월해 부족어인 세나리어로 아버지 설교를 통역하기도 했습니다. 그는 어린 웨스에게 온 세상을 통틀어 가장 함께하고 싶은 영웅이었습니다.

이 둘을 바라보던 웨스의 아버지가 물었습니다.

"너희들 크면 뭐가 되고 싶니?"

알레자이가 어른스럽게 대답했습니다.

"저는 사업가가 될래요. 돈을 많이 벌어서 전 세계를 다니며 어려운 사람들을 도울 거예요."

아버지가 아들의 꿈도 궁금해서 물었습니다.

"웨스, 너는 크면 뭐가 될래?"

"저는 얘 비서가 되서 얘를 도울 거예요."

얼마 후에 아버지가 또 물었습니다.

"너희들 커서 뭐가 되고 싶니?"

알레자이가 대답했습니다.

"저는 목사가 되어서 선교사님처럼 전 세계를 다니면서 예수 그리스도의 사랑을 전할 거예요."

"웨스, 너는?"

"저는 부목사가 돼서 알레자이랑 끝까지 함께할 거예요."

아버지는 졌다는 표정으로 너털웃음을 지었습니다. 온 동네 사람들이 웨스가 알레자이를 졸졸 따라다니는 것을 잘 알고 있었으니까요.

이렇게 형제처럼 지내던 두 사람이지만, 웨스가 열세 살이 되던 해에 둘은 헤어져 각기 다른 길을 가야 했습니다. 웨스가 혼자 미국으로 건너오게 되었기 때문입니다.

웨스는 자신의 꿈을 이루기 위해 열심히 노력했고, 훗날 국제컴패션 총재가 되었습니다. 그는 늘 마음 한 켠에 서부 아프리카의 코트디부아르를 품어왔습니다. 그 한가운데는 그의 영웅이었던 알레자이가 어른스러운 미소를 한 채 서 있었지요.

사십 대 중반이 되었을 때 마침내 그는 자신이 그토록 바라던 서부 아프리카를 방문하게 되었고, 수소문을 해 알레자이를 만날 수 있었습니다. 하지만 웨스는 눈앞에 나타난 백발의 노인이 누구인지 알아보지 못했습니다. 주름진 피부에 낡은 옷을 입은 그 노인은 알레자이였습니다. 웨스는 어린 시절 알레자이가 유창하게 구사했던 불어로 간단히 인사를 건넸지만, 그는 전혀 알아듣지 못했습니다. 통역을 통해 어디 사는지를 물었습니다.

"정글 안 나무 위에 판자를 깔아놓고 7명의 식구랑 살고 있어."

그러면서 웨스의 손을 붙잡고 말했습니다.

"웨스, 미안한데 나는 지금 바로 가야 할 것 같아. 해야 할 일이 밀려 있거든."

도대체 무슨 일을 하는데 몇십 년 만에 만난 친구를 위해 잠시도 시간을 못 내는가 싶어서 웨스가 물었습니다.

"내가 어렸을 때부터 일하던 집 마당에 잔디를 깎으러 가."

웨스는 어릴 때 홀로 미국으로 건너온 이후 꿈을 이루기 위해 춥고 배고프고 잠 못 드는 수많은 날을 지냈습니다. 하지만 단 한 번도 하나님을 원망한 적이 없었습니다. 그런데 그때는 가슴이 터질 것 같아 원망에 가득 찬 기도를 드릴 수밖에 없었습니다.

"하나님, 이것이 당신의 뜻입니까? 이것이 옳습니까? 저는 그동안 많은 기회를 누리며 살아왔는데, 저보다 뛰어났던 이 친구는 무엇이 모자라서 이렇게 저주받은 인생을 살아야 합니까?"

며칠을 울음 가운데 보내던 어느 날, 하나님께서 그의 마음속에 한 말씀을 주셨습니다.

"웨스야, 네 말이 옳다. 네 말이 옳아. 내 마음도 그렇단다. 나 역시 이 세상에 알레자이와 같은 어린이들이 존재하지 않기를 바란다. 그래서 너를, 그런 내 마음을 아는 너를 컴패션에 보낸 것이란다."

웨스는 자신의 이야기를 들려주며 눈물 가득한 눈으로 저에게 물었습니다.

"가난이 무엇인지 아세요? 가난은 단순히 무엇이 없는 상태가 아니라 하나님의 형상으로 지음 받은 아이들이 마땅히 가져야 할 희망과 꿈을 박탈당한 상태를 말합니다. 이런 어린이들을 바라보는 하나님의 마음을 아세요?"

아버지의 마음

2005년 초, 어느 병원의 골수 담당 코디네이터로부터 골수이식을 하겠느냐는 전화가 왔습니다. 백혈병을 앓고 있는 한 여자아이와 제 골수가 일치한다는 것입니다. 그제야 예전 교수 시절, 한 학생이 백혈병에 걸려 골수이식이 필요하다는 것을 알고 몇몇 학생들과 함께 교내 헌혈 운동을 벌였던 일이 생각났습니다. 안타깝게도 그 학생은 맞는 골수를 찾지 못해 세상을 떠나고 말았는데, 그때 헌혈을 하고 검사를 받았던 것이 뒤늦게 맞는 환자를 찾은 것입니다.

생명을 살리는 일이니 당연히 해야 한다는 생각에 병원에 가서 설명을 들었습니다. 오랜 시간 입원해서 골수를 척추 밑으로 모은 후 전신마취를 하고 골반에 구멍을 내서 주사기로 채취해야 하는 결코 단순하지 않은 작업이었습니다(최근에는 말초혈 조혈모세포 기증 방법으로, 헌혈할 때처럼 양팔 혈관에서 골수를 채취하는 방식으로 바뀌었습니다). 채취하다가 모자라면 구멍을 더 뚫기도 하는데, 하루에 세 개 이하로 뚫는다고 했습니다. 만만한 일이 아니라는 생각에 서류에 사인을 하기 전, 아내에게 동의를 구했습니다.

"하나님 뜻이라면 해야지요."

몸이 열 개라도 모자랄 만큼 매일 이리 뛰고 저리 뛰느라 많이 지쳐 있는 저의 컨디션과 며칠씩 걸리는 시술 과정을 열심히 설명한 끝에 들려온 것 치고는 매우 짧은 대답이었습니다.

내심 "좀 더 생각해봐요", "정말 괜찮겠어요?"라고 물어볼 줄 알았는데, 듣자마자 바로 대답하는 것이 조금은 서운했지요. 짬을 낼 수가 없어 설 연휴에 입원하여 이식을 위한 시술을 마쳤습니다.

그런데 정신을 차리고 일어나려는 순간 앞이 흐릿해지더니 픽 쓰러지고 말았습니다. 의사는 저를 살펴보더니 말했습니다.

"어? 하나를 안 꿰맸네요."

골수를 뽑으려고 뚫은 구멍 중 하나를 막지 않아 4시간이나 계속 출혈이 되었던 것입니다. 아찔한 순간이었습니다.

마지막에 의료사고가 있었지만, 두 달 후 병원에서 제 골수를 받은 아이가 건강을 회복했다는 전화를 받고 이 일은 감사함으로 마무리되는가 싶었습니다.

그런데 5개월쯤 지나 다시 병원에서 전화가 왔습니다.

"아이의 병이 재발했습니다."

아이와 부모의 심정이 어떨까 싶은 안타까운 마음에 무어라 할 말이 없어 듣고만 있는데, 골수 기증을 다시 하겠느냐고 묻는 것이었습니다. 제 골수가 들어가서 피를 생산하다가 재발한 거라 다른 사람의 골수를 받을 수 없다는 설명이었습니다.

"사실은 그렇게 해도 아이가 살 확률이 그리 높지 않습니다. 지난번 사고도 있었고, 거부하셔도 이해합니다."

'그럼 전화를 하지 말든지.'

선뜻 결정할 수가 없어 시간을 달라고 하고 전화를 끊었습니다.

아내도 이번에는 하지 말라고 했습니다. 전문의인 매제에게도 물어보니 재발한 상태에서는 골수를 또 준다고 해도 아이가 살 확률이 1퍼센트 정도라며 하지 말라고 했습니다. 주변에 물어보는 사람마다 다 말렸습니다.

병원에 전화를 했습니다.

"이번에는 가족이 동의하지 않고 제 생각도 그렇습니다."

"그럼요. 이해합니다."

전화를 끊고 마음이 편치는 않지만 이번에는 어쩔 수 없다고 생각했습니다.

이 일이 있고 바로 후원자들을 데리고 에콰도르에 비전트립을 갔습니다. 어린이들을 보니 백혈병을 앓고 있을 여자아이가 머릿속에서 떠나질 않았습니다. 불편한 마음과 부담을 떨쳐내고 싶었던 저는 사람들에게 유도질문을 해서 이번에는 하지 않아도 된다는 확인을 얻어내고 싶었습니다.

"그럼요, 어떻게 두 번이나 하겠어요."

"목사님, 잘하셨어요. 몸도 약하시고 할 일도 많으신데요."

'그래, 맞아. 나는 할 만큼 했어.'

현지 방문 마지막 날 저녁에 이동하던 버스가 고장이 나서 오랜 시간 버스 안에 갇혀 있었습니다. 저는 옆자리에 계신 와싱톤중앙장로교회의 박 장로님에게 또 그간의 이야기를 했습니다.

"의사인 제 매제도 아이의 생존 확률이 1퍼센트 정도라고 합니다. 장로님은 어떻게 생각하십니까?"

한동안 묵묵히 계시던 장로님이 입을 열었습니다.

"목사님… 하시지요."

"네?"

장로님은 조금 있다 다시 한숨을 크게 내쉬면서 말을 이었습니다.

"제 큰 아이가 백혈병으로 오래전에 세상을 떠났습니다."

저는 그만 할 말을 잃었습니다. 장로님이 한마디를 덧붙였습니다.

"이 일이 그 부모에게 하나님의 사랑을 전할 수 있는 좋은 기회가 될 것입니다."

그날 호텔로 돌아와서 저는 하나님 앞에 엎드려 기도했습니다.

"하나님, 아시지 않습니까. 제가 이만큼 했으면 되지 않습니까. 앞으로 더 열심히 어린이들 위해서 일하면 되지 않습니까. 한 번 골수이식을 했고, 더구나 같은 의사가 시술을 하고, 성공할 확률도 거의 없다는데요."

한참을 엎드려 있는데, 혼란스럽던 마음 가운데 평안이 찾아왔습니다. 그리고 하나님께서 제게 이렇게 말씀하는 것 같았습니다.

'정인아, 나는 너를 이해한다. 그리고 너를 잘 안단다. 그런데 만약 그 아이가 네 친딸이었다면 너는 그 아이를 포기할 수 있겠니? 설사 1퍼센트의 가능성밖에 없다고 해도 말이야.'

망치로 머리를 한 대 맞은 기분이었습니다. 제가 진짜 아버지였다면 수술을 거부했을까요? 절대 그러지 못했을 것입니다. 살릴 수 없다 할지라도 시도하고 또 시도했을 것입니다. 제 아들에 대한 심정이 그러했으니까요. 결국 저는 항복할 수밖에 없었습니다. 하나님께서는 못을 박듯 다시 한 번 제 마음에 말씀하셨습니다.

'그 아이는 내 것이란다.'

저는 너무 부끄러워 병원과 아이의 부모에게 생각이 바뀌었다고 전하기가 민망했습니다. 제가 또 골수이식을 하는 것이 자원하는 마음에서 나온 것이 아니고 숭고한 동기도 없었다는 것을 꼭 밝혀야 한다고 생각했습니다. 그러자 눈물이 쏟아져 나왔습니다.

딸아이의 생명을 놓고 그 부모가 얼마나 애간장이 녹았을지 느껴졌기 때문입니다. 성도들을 섬기는 목사가, 어린이양육기구의 대표가, 어떻게 그렇게 온갖 구실을 찾아 못하겠다고 할 수 있었을까요. 하나님이 가르쳐주지 않으셨다면, 박 장로님을 만나게 하셔서 그분의 마음을 알려주지 않으셨다면 저는 얼마나 큰 후회를 하게 되었을까요.

'부끄러운 목사'라고 편지 제목을 쓰고 그간의 제 마음과 상황을 솔직하게 적었습니다. 하나님의 마음에 항복했기에 골수이식을 한다고 말하고는 편지 말미에 이렇게 썼습니다.

"우리 예수님께 매달립시다. 아이가 죽고 사는 것은 하나님이 정하셨다고 믿습니다. 우리 예수님을 붙잡읍시다."

그리고 팩스로 편지를 한국 사무실로 보내 아이의 엄마에게 전달하도록 했습니다.

에콰도르에서 돌아오는 날이 마침 추석 연휴가 시작되는 날이었습니다. 그래서 인천공항에 도착하자마자 바로 병원으로 가서 이식 준비를 했습니다. 병원에 들어가서 두 번째 골수 채취를 하기 전날 아이의 어머니에게 답장이 왔습니다. 다섯 장의 긴 편지였는데, 장마다 떨어진 눈물 자국에서 딸이 살아나기를 바라는 간절한 마음을 보았습니다.

"한 번도 아니고 두 번이나 골수이식을 해주셔서 감사합니다. 딸애가 무균실에서 너무 고통스러워하고 있어 감사의 편지를 쓸 겨를도 없었습니다. 목사님이 말하는 예수님이 누구인지는 모르지만 저도 매달리겠습니다. 기도하겠습니다."

어머니의 간절한 매달림과 기도에 하나님은 응답하셨습니다. 살아날 가능성이 희박하다는 아이는 골수이식이 잘 되어 지금까지 건강하게 잘 지내고 있습니다. 이 일이 있은 후 온 가족이 교회에 다니고 있으며, 그 아이의 아버지도 다른 아이에게 골수이식을 해주었다는 소식을 들었습니다.

필리핀에는 일터와 집을 잃고 교외로 쫓겨난 사람들이 공동묘지 안에 집을 짓고 살면서 이루어진 무덤마을이 있습니다. 무덤 옆 파헤쳐진 유골이 뒹구는 그곳을 학교에 가지 못한 어린이들은 놀이터 삼아 놉니다. 이 마을에서는 관이 의자가 되기도 하고 식탁이 되기도 합니다. 관 위에 나무 층계를 만들어 그 위에서 살기도 합니다. 제가 방문한 어린이의 집도 그랬습니다.

우리가 왔다는 소식을 듣고 어린이의 아버지가 일을 마치자마자 왔습니다. 집 옆에는 도살장이 있었는데, 그곳에서 잡아 죽인 짐승의 피가 마을까지 흘러 내려오고 있었습니다. 아이의 아버지는 일이 있을 때만 불려가 도살 작업을 했습니다. 그의 옷에 방금 묻은 듯한 핏자국이 있었는데 손님이 왔는데도 갈아입을 옷이 없는 듯하여 안쓰러운 생각이 들었습니다. 우리는 가정 방문에서 나누는 평범한 이야기들을 주고받았습니다.

"아이가 언제 어린이센터에 등록했습니까? 어떤 점이 변화되었나요?"

아버지는 딸이 어린이센터에 등록하여 공부도 열심히 하고 성격도 밝아졌다고 말했습니다. 그와 이런저런 대화를 나누는데 여자아이의 남동생이 계속 우리 주변을 기웃기웃하기에 아이에 대해 물어보니 둘째 아이는 아직 어린이센터에 등록이 안 되어 있다고 했습니다. 그러자 일행 중 한 분이 아이를 후원하고 싶다고 했습니다. 분위기가 일순간 확 달라지면서 감격과 감사가 우리를 하나로 묶어주었습니다.

기쁜 마음으로 아이와 사진을 찍고 기도를 드린 후 집을 나섰습니다. 그때 아버지가 제 소맷자락을 잡고 손가락으로 밖을 가리키며 말했습니다.

"저거 보이세요?"

문 바로 앞에 관이 하나 있었습니다. 무덤마을에서는 관이 익숙한지라 눈여겨보지 않았는데 남자가 가리킨 관은 특별했습니다. 무덤마을은 공동묘지라 돈만 좀 주면 무덤 앞을 깨서 원래 묻혀 있던 시체를 꺼내고 거기에 부탁받은 시신을 넣습니다. 무덤 옆에 있는 뼈들은 다 그렇게 해서 밖으로 나온 경우였지요. 그런데 이 관은 그렇게 하지 못하도록 주변에 철조망을 쳐놓은 것입니다.

"내 아내의 무덤입니다."

자세히 보니 관 위에 놓인 조그마한 화병에는 어여쁜 들꽃이 꽂혀 있었습니다. 그는 날마다 집을 나가고 들어올 때 그 들꽃을 바라보며 아내에게 인사를 건넨다고 했습니다.

"여보, 나 일하러 가. 오늘 하루 잘 지내."

"오늘은 어땠어? 내가 당신 사랑하는 거 알지?"

그러고는 담담한 목소리로 말을 이었습니다.

"아내가 암으로 죽어가면서도 놓지 않았던 기도제목이 있었습니다. 그런데 오늘 여러분들로 인해 그 기도가 응답되었어요. 아내는 아들이 후원자를 만나 딸처럼 공부하고 미래를 꿈꿀 수 있게 해달라고 기도했거든요."

남편은 날마다 무덤을 보며 아내의 기도제목을 떠올렸을 것입니다. 소리 내거나 누구에게 털어놓지도 못한 채, 그저 마음속으로만 부르짖어 왔을 것입니다. 생기라곤 느껴지지 않는 이 무덤마을에서 작은 들꽃을 찾아 아내의 무덤 위에 놓고, 사랑하는 자식들을 위해 기도해왔던 아버지의 애끓는 마음을 같은 아버지로서 바라보니 목이 멨습니다.

그후 수십 명의 필리핀 목사님들과 식사를 하며 교제의 시간을 보낼 일이 있었습니다. 목사님들은 한국에서 필리핀 어린이들을 많이 후원해주어 고맙다고 인사를 했습니다. 저도 필리핀 어린이들을 후원하고 있었지만, 수많은 한국 후원자들을 대신하여 인사를 받는 것이려니 생각하여 감사하다고 답을 드렸지요.

그런데 교제 시간 내내 감사하다는 말을 계속하여 듣게 되었습니다. 그 말을 듣는 중에 제 속에 어떤 속상함이 있었습니다. 그것이 무엇인지 몰랐다가 저도 모르게 소리치고 말았습니다.

"더는 필리핀 아이들이라고 하지 말아주세요! 이 아이들은 하나님의 아이들이고, 우리의 아이들입니다."

제가 생각해서 말한 게 아니었습니다. 하지만 외치고 나서 알게 되었습니다. 이 아이들은 하나님의 마음을 빼앗는 하나님의 자녀들이고 우리 모두의 아이들이라는 것을요.

사랑하는 나의 딸 준에게,

하나님 안에서 잘 지내고 있니?

너를 만나고 온 후로, 항상 네 생각을 한단다.

사람들을 만날 때도 네 얘기를 빠트리지 않아.

우리 준처럼 아름답고 멋진 딸을 주신 주님께 감사 드린단다.

네 어머니께서 네가 학교 생활을 잘하고 있다고 알려주셨어.

정말 기쁘구나. 계속 그렇게 열심히 하렴.

우리 주님께서 준을 더욱 축복하실 거야.

너와 네 가족들을 위해 기도하는 것을 잊지 않을게.

너도 아빠를 위해 기도해주겠니?

또 만날 날을 소망하며, 하나님께서 축복하시기를 기도할게!

2005년 4월 7일

한국 아빠가.

서정인 후원자 님께

먼저 안부 인사를 드려요.
준은 1학년에 다니기 시작했습니다.
지난 5월 30일부터 6월 1일까지 진행된 패밀리 캠프에서
정말 많은 것을 배워왔고 '바른태도 상'도 받아왔습니다.
준은 교회에서 만든 활동에 참여하게 되어 정말 기뻐했답니다.
후원자님, 제가 직장을 구하고
저희 가족이 편안하게 살 수 있는 집을 구할 수 있도록 기도해주세요.
전능하신 하나님께서 후원자님을 축복하셔서
항상 기쁨 가득하시길 기도합니다.

2005년 6월 3일
공손한 인사를 담아, 마라델 마글라상 올림.

아빠께,

보고 싶어요.
사랑해요.

사랑을 전하며, 준 마리 올림.

사랑하는 준에게,

네 편지를 받아서 정말 기뻤단다.

아빠는 에티오피아 출장에서 이제 막 돌아왔어.

그곳에서 우리 준처럼 예쁜 아이들을 많이 만났단다.

그렇지만 너는 더 특별하단다.

그 이유를 아니?

하나님의 인도하심으로 준이 아빠의 후원어린이자 딸이 되었기 때문이야.

새로 찍은 네 사진을 받았다.

너무나도 예쁘게 자라서 깜짝 놀랐단다.

사진을 보내줘서 고마워.

사무실 책상에 네 사진을 놓아두고 다른 사람들에게

너를 처음 만난 날의 이야기를 들려준단다.

아빠는 준을 위해 기도하고 있어.

네가 하나님을 더욱 알게 되고

하나님을 사랑하는 멋진 숙녀로 자라기를 기도한단다.

한국 아빠가 준을 생각하고 준을 위해 기도한다는 걸 기억하렴.

여동생과 어머니께도 안부 전해줘.

하나님께서 준과 준의 가족을 축복하시길 기도할게.

2007년 5월 3일
아빠가.

후원자 님께,

서정인 후원자님, 안녕하세요? 어떻게 지내고 계세요?
준 마리는 학업 성적이 더 좋아졌습니다.
올해 6월에 3학년이 됩니다.
컴패션 어린이센터에서 4월 23일과 24일에 여름캠프를 다녀왔습니다.
준은 캠프에서 즐거운 시간을 보내고 많은 것을 배우고 왔답니다.
준이 말씀 구절을 열심히 외우고 있는데 그중 하나는
베드로후서 3장 18절, "오직 우리 주 곧 구주 예수 그리스도의 은혜와
그를 아는 지식에서 자라 가라"입니다.
준 마리는 성경 이야기를 통해 하나님을 더욱 알아가고 있어요.
저희 가족은 예전에 살던 집이 철거되어서
집을 임대해 지내고 있습니다.
저는 여전히 정규직 일자리를 구하고 있습니다.
저희의 상황을 위해 계속 기도해주시길 부탁드립니다.
후원자님, 필리핀에 다시 오셔서 저희를 방문하실 계획이 있으신가요?

2007년 6월 12일
아끼는 마음을 담아, 마라텔 마글라상 올림.

June Marie

Thank You Letter

PART 2

온전한 사랑으로 상처를 덮고

Thank
you and
God Bless
you

내가 대신 아팠으면

하나님께서는 한 어린 영혼에게 생존 이상의 것을 바라고 계십니다. 하나님의 창조 목적에 따라 한 생명이 지닌 꿈과 가능성이 아름답게 꽃피워지기를 원하십니다. 정말 놀라운 것은, 우리에게 그 일을 이루기 위해 하나님과 함께하자고 초대하고 계신 것입니다. 저는 하나님의 이 마음이 어린이들의 환한 웃음 속에 피어나는 것을 수없이 볼 수 있었습니다. 어린이들이 기적적으로 미소를 되찾게 된 이야기가 끊이지 않고 들려옵니다.

그런데 때로는 실감이 나지 않습니다. 자신을 1달러에 내다팔았던 알코올중독자 엄마와 다시 한 집에서 살아가야 하는 딸은 어머니를 용서하며 회복에 이를 수 있을까요? 어머니의 무릎 위에서 자신의 형제자매가 굶어 죽어가는 것을 보고 자란 어린이가 이 세상을 안전하다고 느낄 수 있을까요?

1994년에 일어난 르완다 대학살사건은 100일 동안 백만 명이 살해당한 근현대 역사상 가장 잔혹한 비극이었습니다. 2008년 르완다에 갔을 때 당시 고아가 된 한 청년을 만났습니다. 그때 당시 그가 있던 컴패션어린이센터에서는 한 집에 일고여덟 명 내전으로 고아가 된 어린이들과 한 선생님이 가족으로 묶여 지낼 수 있도록 하는 프로젝트를 진행했습니다. 그 역시 선생님이 부모처럼 그와 그의 형제들을 보살펴주었지요. 성인이 된 그는 몸도 마음도 건강해 보였습니다. 하지만 살아가면서 힘든 순간이 찾아오면, 혹시 어릴 적 겪었던 참혹한 전쟁과 가난의 흉터가 다시 도지는 것은 아닌지 의문스럽기도 했습니다.

티 없이 밝게 웃는 어린이들을 보면 가슴이 아려옵니다. 그들은 어떻게 상처를 준 어른들을 용서했을까요? 어떻게 세상과 화해했을까요? 제 이런 마음에 하나님께서는 위로와 희망을 주시려는 것처럼 오래전 일을 떠올리게 해주셨습니다.

큰 아들이 유치원에 가기 한 달 전이었습니다. 샌프란시스코의 한 집회에서 설교를 하게 된 저는 아내와 아들을 데리고 함께 갔습니다. 제 순서를 기다리고 있는데 갑자기 아들이 배가 아프다고 낑낑거리더니 울기 시작했습니다. 저는 오랜 시간 차를 타고 오면서 먹은 것이 얹힌 줄 알고 손가락 열 개를 땄습니다. 그런데 시원해 하기는커녕, 계속 배가 아프다고 했습니다. 저는 크게 체했나 싶어 이번에는 발가락까지 다 따 주었습니다. 하지만 차도가 보이지 않았습니다.

심상치 않음을 느낀 아내가 먼저 비행기를 타고 집으로 와 앰뷸런스로 병원에 갔습니다. 아들의 상태는 생각보다 훨씬 심각했습니다. 하혈을 했고 극심한 고통을 덜기 위해 진통제로 사용하는 모르핀 주사까지 맞았습니다. 나중에는 주사를 더 꽂을 수 없어 링거를 오랫동안 꽂을 수 있도록 하는 수술까지 했습니다. 부모로서 아이의 이런 모습을 지켜봐야 하는 상황이 너무나 고통스러웠습니다.

2주 반 동안 병명을 몰라 치료도 불가능했습니다. 아들은 진통제 약효가 떨어지면 통증으로 숨이 넘어가는 듯 아파했지요. 아들의 피부에 피멍이 생기고 무릎에서 집중적으로 핏줄이 터졌습니다. 3주 후에는 온몸이 핏줄이 터진 자국으로 울긋불긋했습니다. 의사들은 그제야 아이의 병명이 HSP(Henoch-Schonlein purpura, 알레르기성 자반증)라고 했습니다. 정확한 원인이 밝혀지지 않은 병으로 소아 어린이에게 많이 발병하는데, 몸의 면역세포가 공격당했다고 잘못 인식하여 몸의 혈관을 공격하는 것입니다. 보통은 피부 바깥에서 핏줄이 터지는데, 우리 아이는 몸 안의 장기에서 핏줄이 터져 병명을 알 수 없었다고 했습니다.

"이 통증은 산모가 아이를 낳을 때의 고통과 맞먹습니다."

조그만 몸으로 이토록 심각한 통증을 겪고 있었다는 걸 알고 저와 아내는 마치 살갗이 베이는 것처럼 아팠습니다. 그 뒤로도 아들의 증세는 전례가 없을 정도로 심해서 치료가 쉽지 않았습니다. 강력한 스테로이드 처방으로 얼굴과 몸이 붓고 나중에는 사람의 눈이 이렇게까지 튀어나올 수 있나 싶을 정도로 튀어나왔습니다.

아내와 저는 틈틈이 아들을 가운데 끼고 간절히 기도했습니다. 우리는 혹시 하나님께서 아들을 데려가시려는지 묻기도 했습니다. 기도 가운데 지금은 데려가지 않으실 것을 알 수 있었고, 우리는 하루 속히 치유되기를 간구하는 수밖에 없었지요.

하루는 아들이 나지막이 물었습니다.

"엄마, 배에서 번개가 치는 것처럼 아파. 하나님이 왜 나를 이렇게 아프게 하시지? 왜 나를 안 낫게 하실까?"

가슴이 철렁 내려앉았습니다. 아내와 저는 아들이 하나님과 친밀한 관계 속에서 축복 받으며 살아갈 수 있기를 바라왔습니다. 아들이 하나님께서 자신을 사랑한다는 것을 의심하게 될 수도 있다는 것을 깨닫자 정신이 바짝 차려졌습니다.

우리가 어떤 대답을 할 수 있었을까요? 도무지 하나님의 뜻을 알 수 없었습니다. 그렇다고 아이가 아픈데 무조건 믿음과 인내만 강요할 수는 없었습니다. 솔직하게 정면 돌파해야 한다고 생각했습니다. 아내가 애써 울음을 참으며 말했습니다.

"사실 우리도 이유를 모르겠어. 그런데 딱 하나 말해줄 수 있는 게 있어. 하나님이 너를 정말 많이 사랑하신다는 거야."

잠시 우리를 바라보던 아이는 시선을 떨어뜨렸습니다. 한 달이 조금 넘어 아이의 병세가 호전되어 퇴원하게 되었습니다. 하지만 아들의 부은 몸과 얼굴은 원래대로 돌아오지 않았습니다. 의사는 재발률이 높은 병이고, 심하게 앓을수록 재발률은 높아지며, 또 재발하면 이전보다 더 심하게 아플 것이라는 무서운 경고를 주었습니다. 그리고 한 가지를 덧붙였습니다.

"워낙 증상이 심각해 치료를 위해 스테로이드를 몸 안에 쏟아부었다고 해도 과언이 아닙니다. 스테로이드 부작용으로 아이의 키가 크지 않을 확률이 높아요."

퇴원한 다음 날, 얼굴과 몸이 퉁퉁 부은 아이를 유치원에 보냈습니다. 미국에서는 유치원이 의무교육이었기에 입원 중 입학 시기를 놓쳐 바로 등원을 시켰던 것입니다. 선생님께 아이의 상태를 자세히 설명드리고 약도 건네준 후 저는 볼일을 보러 갔다가 끝날 시간에 아이를 데리러 다시 유치원에 갔습니다. 그런데 아이가 보이지 않아 교실로 들어가보니 선생님 책상 밑에 숨어서 울고 있었습니다.

"아빠!"

아이는 제 목소리를 듣고 눈물을 훔치며 달려 나와 냉큼 품에 안겼습니다.

"아빠, 친구들이 나를 코끼리 괴물이라고 놀려."

친구들의 놀림을 견디지 못하고 책상 밑으로 숨은 아이를 보며 고지식하게 아이를 유치원에 보냈던 저를 탓했습니다.

"이제 아무도 나랑 친구해주지 않을 거야."

훌쩍훌쩍 우는 아이를 꼭 안아주었습니다. 그리고 말했습니다.

"아빠가 친구해주면 안 될까?"

아들이 저를 잠시 바라보더니 울음을 그치고는 저를 안았습니다.

"고마워, 아빠."

아들의 작은 몸짓에서 감사와 안도가 전해져 왔습니다. 부모의 사랑은 아이의 잉태 속에서 함께 탄생되고 함께하는 시간 속에서 더욱 커지고 깊어집니다. 그날 아들을 향한 제 안의 사랑도 훌쩍 성장했습니다.

아내와 저는 혹시 이 일로 아이에게 하나님에 대한 의심이 생긴 것은 아닌지, 마음속 상처와 아픔이 아물지 않는 것은 아닌지 내심 걱정이 되었습니다. 그 일이 있은 지 2년이 지난 어느 날이었습니다.

"너희들! 일 년이나 병원에 입원해본 적 있어? 나는 해봤다!"

교회에 간 아내의 귀에 아들이 친구들에게 자랑하는 소리가 들려왔습니다. 한 달가량 입원했던 기억은 이내 일 년으로 부풀어 있었고 각종 검사를 받고 주사를 맞은 일은 어마어마한 무용담으로 바뀌어 있었습니다. 지나가는 성도님들을 보면서 자신이 입원했을 때 저 사람이 어떤 선물을 해줬는지 일일이 기억하고 있었습니다.

그 모습을 보며 아내의 얼굴에 이내 미소가 번졌습니다. 끔찍한 시간으로 남아 있을 것 같았던 병원에서의 시간이 아이에게 다르게 기억되고 있음이 감사했지요. 많은 사람들로부터 선물을 받고 위로를 받았던 사랑의 기억이 고통 속에서 괴로워하며 신음하였던 아픔의 기억을 몰아낸 것입니다.

아이가 아파할 때 우리 부부는 기도밖에 할 수 없었습니다. 대신 아프고 싶을 만큼 아이를 사랑했지만 아무런 능력이 없었습니다. 그런데 하나님께서 여러 사람의 격려와 사랑을 통해 아이의 아픔을 덮으셨습니다.

그리고 또 다른 축복도 허락해주셨습니다. 아들의 사례는 당시 미 전역에서도 찾아보기 힘들 정도로 워낙 특이했기 때문에 아이는 정기적으로 검사를 받아왔습니다. 아들이 중학생쯤 되었을 때입니다. 상담실에 들어오는 아들의 키를 올려다보던 의사는 고개를 끄덕였습니다.

"이제 안심해도 될 것 같습니다. 정상으로 성장했습니다."

그리고 지금까지 아이의 병은 재발하지 않았습니다.

저와 아내, 한 사람씩만 보면 가진 것이 없고 연약합니다. 하나님이 원하시는 온전함까지 이루려면 한참이나 남았습니다. 그런데 하나님께서는 결과에 상관없이 우리가 할 일을 하고 지녀야 할 마음으로 모일 때 온전한 치유를 가져다 주시고 사랑을 완성해가셨습니다.

"두세 사람이 내 이름으로 모인 곳에는 나도 그들 중에 있느니라"(마태복음 18장 20절).

한국이라는 먼 곳에서 아이의 사진과 편지만 받아보면서도 그 아이와 한 가족이 되고 부모의 마음이 되는 후원자들 또한 하나님의 이러한 연합 가운데 있습니다. 어린이들도 마찬가지이지요. 자신에 대해서 아무 것도 모르던 지구 반대편의 한 사람이 자기를 사랑해주고 먹여주고 입혀주고 교육시켜주며 "넌 이제 혼자가 아니야", "넌 꿈을 이룰 수 있어" 라고 격려해주는 것, 그것 자체가 어린이에게는 사랑의 증거가 됩니다. 그리고 실질적으로 하나님의 손발이 되어 바로 그 곁에서 어린이들을 돌보는 현지 어린이센터 선생님들과 직원들, 협력 교회 사역자들이 있습니다.

컴패션은 현지 교회와 협력하여 어린이센터를 운영하고 있습니다. 교회 시설을 사용하여 후원금에서 시설비가 사용되지 않도록 하는 것입니다. 26개 후원 대상국의 130만여 명의 어린이가 양육 받는 6천여 개 어린이센터가 모두 그렇게 운영이 됩니다. 하지만 후원금을 아끼는 것보다 더욱 중요한 것은 한 어린이를 위해 교회와 가정과 학교가 연합할 수 있다는 점입니다. 누구 하나가 아니라 연합된 공동체가 한 어린이를 꼭 붙들고 하나님의 사랑을 지속적으로 공급해주고 연령별 커리큘럼을 제공하면서 자립이 가능할 때까지 양육 받도록 하는 것이지요.

어린이는 자신과 가족을 둘러싸고 있는 사랑의 공동체 속에서 지속적이고 구체적인 보호와 관심을 통해 마침내 아픔과 고통을 이겨내고 사랑의 싹을 틔우며 건강한 모습으로 자라가게 됩니다.

아버지께 배운 대로

"미미, 나나, 라라."

만화책에서 오린 여자 캐릭터 그림 아래에 적힌 이름들이 특이하여 유심히 보았습니다. 본명을 대신하는 가명이 분명했습니다. 컴패션어린이센터 중에서 특별히 기숙사를 운영하는 경우가 있습니다. 태국 중부의 상업도시 쁘라찐부리 시에 위치한 컴패션어린이센터에도 더는 집에서 양육을 이어갈 수 없는, 학대받은 어린이들이 거주하는 기숙사가 있었습니다. 가명은 기숙사 어린이가 사용하는 이름들이었습니다.

마침 단발머리의 작은 여자아이가 우리 일행에게 다가와 수줍게 인사했습니다. 유난히 보조개가 쏙 들어가는 미소가 참 예쁜 아이였지요. 일행들이 귀엽다며 어린이를 안아주고 먹을 것도 주면서 즐거운 시간을 보냈습니다.

그때 센터장 선생님이 들어왔습니다. 그녀는 우리와 여자아이가 잘 어울리는 것을 보며 살짝 놀라면서도 내색하지 않고 아이를 기숙사로 올려 보냈습니다. 이어 우리에게 센터 소개와 함께 어린이 사진을 보여주며 여러 어린이들의 사연을 소개했지요. 사진 곳곳에 센터장과 선생님의 얼굴이 보였습니다. 까맣게 탄 그녀의 얼굴은 이곳 지역에 일반화되어버린 아동폭력, 아동성폭력, 아동노동 등에서 어린이들을 구출하기 위해 동분서주해왔음을 잘 보여주고 있었습니다. 각 가정과 관공서에서 어린이 권리를 교육하고 계몽하는 것도 어린이센터의 몫이었습니다.

처음 우리에게 인사하던 여자아이 사진이 있어 물어보았더니 이 아이는 집안의 직계 남자 3명에게서 지속적인 성폭행을 당해왔다고 말해주었습니다. 아이는 겨우 여섯 살이었습니다.

"이 아이가 어른들에게, 그것도 남자 어른들에게 다가가는 건 오늘 처음 봤습니다."

무뚝뚝한 얼굴이지만 진심으로 우리에게 고마움을 표했습니다.

가정에서 부모가 자신들의 행동에 대한 문제점을 인식하고 변화된 모습으로 아이를 양육하기 시작하면 그것은 성공 사례입니다. 하지만 방금 만난 여섯 살 소녀처럼 더는 집에 있지 못하고 기숙사 생활을 하는 여자아이들도 꽤 있다고 했습니다.

이 때문인지 산처럼 쌓인 서류 가운데 경찰이 선생님과 어린이를 마주 앉아 무언가 적고 있는 사진도 보였습니다. 분명 어린이센터 내부 모습 이었습니다. 뒷모습만 보이는 사진 속 여자아이는 열네 살로 그동안 매 춘을 했다고 합니다. 그러나 어린이센터에서 양육을 받으며 자신이 행 한 일들이 잘못되었음을 알게 되었고, 양심의 가책을 받아 괴로워하다 가 마침내 선생님께 이를 고백했습니다. 선생님은 심각한 일임을 알고 조심스럽게 경찰에 알렸습니다.

이후 하나둘 밝혀진 사실은 너무나 충격적이었습니다. 이 여자아이의 친구들이 대부분 쉽게 돈을 벌 수 있다는 이유로 매춘을 하고 있었고, 이를 주도한 사람이 처음 성매매를 시작했던 여자아이의 친어머니였던 것입니다. 그녀는 수년간 어린이 성매매의 포주로 활동했습니다.

이 일은 경찰이 찾고 있던 조직범죄단과도 연결되어 있어서 몇 년에 걸 쳐 수사가 진행되었습니다. 어린이들이 선생님 앞에서만 말을 했기 때 문에 경찰은 어린이센터에 수사본부를 꾸려 수사를 진행했습니다.

센터장은 담담히 우리에게 말했습니다.

"이런 학생들은 결혼할 때까지 계속해서 돌봅니다. 다 회복된 것같이 보여도 결혼 앞에서는 다시 뼛속까지 스며든 상처가 배어나오기 때문 이죠."

한 낡은 결혼식 사진을 쓰다듬는 선생님의 거친 손마디가 무엇을 말하 는지 우리 모두 느낄 수 있었습니다.

어린이센터를 운영하는 협력 교회 목사님도 만났습니다. 목사님은 유창한 영어로 우리의 질문에 친절하게 대답해주었는데 젊고 얼굴도 잘생긴 분이었지요. 저는 위험 요소가 많은 이곳에서 사역을 하다보면 건강도 해칠 수 있고 어려운 일도 많을 것 같아 조심스레 물어보았습니다.

"목사님, 힘든 일은 없으세요?"

그러자 목사님이 겸연쩍어하며 대답했습니다.

"처음에 저희 딸아이가 힘들어 했습니다."

우리 나이로 초등학교 5학년쯤 된 목사님의 딸은 아빠가 어린이센터를 시작한다고 하자 이를 반가워했습니다. 그런데 막상 컴패션 등록 어린이들이 교회에 오기 시작하자 예상치 못한 어려움을 겪게 되었지요.

범죄자의 아들 또는 매춘부의 딸로 태어난 아이들은 말과 행동이 거칠었고 빈민가의 아이들은 씻지도 않고 몸이 아픈 경우들이 많았습니다. 특히 딸이 힘들어 한 것은 이들의 욕설이었습니다. 폭력적이고 음란한 욕설은 지금껏 목사님 가정에서는 한 번도 들어보지 못한 것이었지요. 얼마나 문화적 충격이 컸겠습니까. 그중에서도 한 동갑내기 여자애가 목사님 딸을 많이 괴롭게 했습니다. 한 번은 그 아이에게 심한 욕설을 듣고 목사님에게 와 억울함을 하소연했습니다.

목사님은 딸을 무릎에 앉히고 상처 받은 마음을 다독여주었습니다. 그런 다음 이렇게 물었습니다.

"아빠가 늘 너에게 말했지? 예수님이 너를 엄청 사랑하신다고 말이야."

딸이 고개를 끄덕였습니다.

"예수님이 이웃을 어떻게 사랑하라고 하셨지? 너도 알겠지만, 내 몸처럼 사랑하라고 하셨잖아."

딸이 다시 고개를 끄덕였습니다.

"그러면 우리 예수님께 배운 대로 그 아이를 사랑해보도록 하자. 너는 아직까지 성경말씀을 실천해볼 수 있는 기회를 갖지 못했잖아? 이번에 예수님께 배운 대로 받은 사랑을 전해보는 거야."

딸은 늘 설교로만 들었던 성경말씀을 사랑하는 아빠와의 대화에서 다시 들었습니다. 무릎에서 내려온 딸은 아빠를 향해 고개를 끄덕이며 미소를 건넸습니다.

얼마 후, 아이는 자신의 마음을 아프게 했던 그 동갑내기 친구와 손을 꼭 잡고 나타났습니다. 둘은 어느덧 세상에서 둘도 없는 단짝 친구가 된 것입니다.

어린이센터에서 나와 우리는 목사님 딸과 친구가 되었다는 여자아이의 집에 가정방문을 갔습니다. 아이의 집은 시궁창 옆에 지어진 다 쓰러져가는 오두막이었습니다. 부부와 네 명의 딸들이 한 평이 좀 넘는 공간에 살고 있었습니다. 안으로 들어가 보니 쥐가 모서리를 파먹은 흔적이 완연한 매트리스가 흙바닥 위에 놓여 있었고, 낡고 부서진 가구 몇 개가 벽에 붙어 있었습니다. 나무판자로 된 벽에는 구멍이 숭숭 나 있어서, 방금 집 앞 시궁창에서 뒹굴던 강아지가 그 구멍으로 들어와 아이들과 함께 침대 시트 위에서 뒹굴었습니다.

귀한 손님이 왔다며 허겁지겁 하던 일을 마치고 달려온 어린 부부가 밝은 얼굴로 감사를 전하는 순간에도 우리는 어디에 어떻게 앉아야 할지 갈피를 못 잡고 있었습니다. 자기 딸이 이런 집에 놀러와 함께 숙제를 하고 노는 것을 알고 있으면서 그 모습을 보며 흐뭇해하는 목사님이 참 대단해 보였습니다.

아이들은 보물 상자를 열듯 후원자에게 온 편지를 꺼내 읽어주었습니다. 그런 아이들의 얼굴에는 어떤 그늘이나 고통도 보이지 않았습니다. 목사님 딸의 단짝 친구인 아이가 예쁘고 큰 눈을 반짝이며 성경구절을 외우더니 이렇게 말했습니다.

"저는 예수님을 잘 나타낼 수 있는 예수님의 튼튼한 가지가 되고 싶어요. 그래서 저의 푸른 잎을 보고 사람들이 좋으신 예수님을 더 잘 알 수 있도록요."

누가 척박한 환경에 사는 이 어린이에게 이런 꿈을 꾸게 한 것일까요? 예수님이 좋은 분이라고 소개한 사람은 누구일까요? 하나님 안에 있는 어린이들은 '사랑의 전사'입니다. 자신의 환경이나 상황에 상관없이 어린이들은 하나님을 순전히 받아들이고 말씀대로 이루어질 것을 믿고 나아갑니다. 목사님 딸이 건네준 사랑이 얼마나 진실된 것이었는지 저는 이 여자아이의 씩씩한 표정을 보고 알 수 있었습니다.

목사님과 맥도날드 햄버거

"카메라, 지갑 등 소지품을 주의하십시오."

에콰도르 과야킬에 있는 빈민가 입구로 들어서자 현지 직원이 바짝 긴장한 얼굴로 말했습니다. 과야킬은 에콰도르에 있는 해변 도시로, 수도는 키토지만 돈은 과야킬에서 나온다고 할 정도로 상공업이 발달한 도시입니다. 그런데 그 휘황찬란한 도심에서 차를 타고 딱 5분만 가면 쓰레기로 뒤덮인 빈민가가 나옵니다.

차창으로 밖을 보니 마을 사람들이 우리를 보는 눈빛이 심상치 않았습니다. 당장이라도 위해를 가할 듯한 무시무시한 눈빛이었지요. 그런데 조금 더 달리다 보니 우리를 보는 사람들의 표정이 바뀌어 있었습니다. 손을 흔들기도 하고 상냥한 인사와 해맑은 웃음을 짓는 사람들도 있었습니다. 그곳이 바로 컴패션어린이센터를 운영하는 조그마한 교회가 있는 지역입니다.

도착하여 어린이들을 만났습니다. 안타깝게도 대부분의 아이들이 쓰레기 더미 위에 살면서 얻게 된 피부병을 앓고 있었습니다. 하지만 악취나 피부병보다 더 심각한 문제는 그곳에서 빈번히 발생하는 살인이었습니다.

월프리코 모라(Wilfrico Mora) 목사님은 신학교에 다닐 때 버스를 타고 처음 이곳을 지나갔습니다. 그러다 창밖으로 예닐곱 명 되는 유치원 아이들이 싸우는 모습을 목격했습니다. 그런데 자세히 보니 단순히 주먹으로 치고받고 싸우는 것이 아니라 아이들의 손에 칼이 쥐여져 있었던 것입니다.

그때 바라본 아이들의 표정이 얼마나 험악하고 위협적이었는지 큰 충격을 받은 목사님은 목적지까지 가지 못하고 곧장 버스에서 내렸습니다. 그리고 그 자리에 무릎을 꿇고 엎드려 부르짖었습니다.

"하나님, 이곳을 저에게 주십시오!"

간절한 기도 끝에 뜨거운 눈물이 쏟아져 나왔습니다. 하나님께서 간절히 이런 기도를 기다리고 계셨다고 말씀하시는 것 같았습니다.

당시 그곳에는 학교가 다 폐쇄되어 없었습니다. 학생들이 화가 나면 집단으로 선생님을 살해했기 때문이죠. 중고등학교뿐 아니라 초등학교는 물론 유치원까지도 너무 위험해 폐쇄했습니다.

목사님은 골목에서 구슬치기를 시작했습니다. 아이들은 자신들과 놀아주는 어른이 있다는 것이 신기해 하나둘 모였습니다. 구슬치기를 할 때에도 아이들의 허리에는 칼이 있었습니다. 그렇게 한두 명 모인 것이 7명이 되고 12명이 되고 20명쯤 되자 목사님은 길거리에서 아이들을 가르치고 돌보기 시작했습니다.

하루는 승용차 한 대가 멈추더니 한 남자가 내려서 목사님께 말했습니다.

"지금 여기서 무엇을 하고 계시는 겁니까?"

목사님이 자초지종을 설명하자 그는 별다른 말없이 교회로 쓸 2층짜리 건물을 사주었습니다. 이후 어린이들의 수가 점점 늘었고 교회도 커져 우리가 방문했을 당시 3층을 올리는 공사를 하고 있었습니다. 목사님은 우리에게 3층에 올라가서 함께 기도하자고 했습니다.

덩치가 큰 전형적인 중남미인 체구의 목사님은 기도하면서 갑자기 눈물을 훔치기 시작하시더니 꺼이꺼이 우셨습니다. 에콰도르에서 한국은 후원국 중 가장 먼 곳에 있는 나라였습니다. 그리고 컴패션 안에서 한국은 도움을 받던 나라에서 후원국이 된 첫 번째 나라였습니다. 그러니 목사님에게 얼마 전까지 도움을 받던 나라 한국은 거리로는 가장 멀었지만, 마음으로는 가장 가까운 나라였지요. 목사님에게 한국은 최선을 다해 달려가고 싶은 믿음의 목적지였습니다. 지금 노력의 결실로 자녀들에게 물려주고 싶은, 꿈에도 그려보는 미래였습니다. 그 미래가 먼

곳에서 찾아와 응원을 해주니 갑자기 눈물이 터졌던 것입니다.

우리는 이렇게까지 환대받고 감사받을 일을 했나 싶어 따라 울었고, 이윽고 우리 모두를 감싸 안고 기뻐하시는 하나님의 따뜻한 마음에 또 한 번 울었습니다.

기도를 마친 후 한 남자아이의 집을 방문했습니다. 몇 년 전까지 이 아이는 동네 제일의 칼잡이었는데, 센터에 등록될 때 나이가 겨우 아홉 살이었습니다. 우리가 갔을 때는 아이는 없고 할머니만 계셨습니다.

할머니는 아이가 다섯 살 때, 화가 난 아버지가 아이 보는 앞에서 엄마를 찔러 죽였다고 말씀해주셨습니다. 아버지는 감옥에 갈까 봐 도망치고 할머니가 아이를 데리고 사는데 살인 장면을 본 아이는 밤마다 악몽에 시달렸습니다. 그때부터 칼을 지니고 다니면서 걸핏하면 칼을 휘두르고 사람들을 위협했습니다. 그런데 손자가 센터에서 양육 받기 시작하고 2년이 지나자 악몽을 꾸던 것이 그쳤다고 합니다. 그리고 칼도 가지고 다니지 않게 되었다고 했습니다.

가정방문을 마치고 돌아가는 길이었습니다. 마침 점심때라 출출했던 우리는 맥도날드에 가서 햄버거를 먹기로 했습니다. 목적지에 도착했는데 목사님이 함께 가자는 말에 아무 대답이 없었습니다. 동행했던 장로님과 다른 목사님께 먼저 들어가시라고 하고 제가 다시 목사님께 물었습니다.

"목사님, 혹시 맥도날드 음식이 안 맞으세요?"

"아닙니다, 저는 괜찮으니까 들어가세요."

"배고프시니 뭐라도 드셔야죠."

"괜찮습니다."

"뭐가 불편하신가요?"

목사님은 울먹이며 말씀하셨습니다.

"우리 아이들은 한 번도 맥도날드에 와본 적이 없어요. 저는 그냥 여기에 있겠어요."

저는 들어오지 않겠다는 목사님과 함께 밖에서 햄버거를 먹었습니다. 한 손에는 빅맥, 한 손에는 코카콜라를 들고 환하게 웃는 목사님의 모습이 아직도 생생합니다. 목사님의 얼굴은 난생 처음 맛보는 가장 맛있는 음식을 손에 쥔 어린아이와 같이 천진난만한 기쁨으로 가득 차 있었습니다. 정말 행복한 시간이었습니다.

3년 후, 그곳에 초등학교와 중학교가 다시 세워졌고, 아이들이 안전하게 학교에 다닌다는 소식이 들려왔습니다.

무서울 땐 선생님 품으로

현지 어린이센터에 후원자들이 방문하면 센터는 활기로 가득 찹니다. 어린이들과 후원자들은 함께 어울려 풍선도 불고 페이스페인팅도 하고 게임도 하며 즐거운 시간을 보냅니다.

그런데 아이들 중에는 처음 만난 후원자들이 낯설어 쉽게 다가오지 못하는 경우도 있습니다. 엘살바도르에 있는 어린이센터에서 만난 '니나'는 다른 아이들에 비해 더 말이 없고 낯가림이 심했습니다. 후원자들이 오는 날이라면, 아무리 가난한 부모라고 해도 가장 좋은 옷을 입혀 보내기 마련입니다. 그런데 구석에 서 있는 니나의 옷차림은 낡고 꼬질꼬질해보였습니다. 아이가 가엾고 안쓰러운 마음이 들면서 한편으로는 아이의 부모에게 살짝 화도 났습니다.

후원자들과 조를 짜고 각 가정을 방문하는 시간이 돌아왔는데, 마침 우리 조는 니나의 집으로 가게 되었습니다. 담당 선생님을 따라 아이의 집으로 가는 어둡고 좁은 골목은 한낮에도 햇볕이 들지 않았습니다. 골목이 점점 좁아져 바닷게 걸음으로 지나가려는데, 선생님이 멈춰 섰습니다. 여느 골목이 이어진 것처럼 보였는데, 그곳이 집이라는 것입니다.

니나가 쇠창살로 된 문을 옆으로 밀어 열었습니다. 집이라기보다는 흙벽을 파서 만들어진 공간이 나왔는데, 문이 쇠창살로 되어 밖에서 안이 훤히 들여다보였습니다. 바닥은 흙이었고 안쪽에 침대 대용으로 쓰는 들것 같은 게 살림살이의 전부였습니다. 아이는 일행이 다 들어가자 문을 자물쇠로 잠갔습니다. 깜짝 놀라서 왜 문을 잠그느냐고 물었더니 선생님이 말했습니다.

"이곳에서는 성인 남자들이 여자아이들을 쉽게 강간합니다. 그래서 문단속 교육을 철저히 시킵니다."

혹시나 니나가 우리에게 집안 형편을 보이는 것을 부끄러워하지는 않을까 걱정했는데, 니나는 오히려 우리가 자기 집에 온 것이 기뻤는지 밝은 모습이었습니다. 분위기가 좋아진 것 같아 대학 때 배웠던 스페인어로 직접 물었습니다.

"니나야, 엄마는 어디 계시니?"

그런데 니나의 표정이 갑자기 시무룩해지더니 땅만 쳐다봤습니다. 다시 물었는데도 대답은 않고 딴 얘기만 했습니다.

선생님이 아이에게 다가가 말했습니다.

"니나, 얘기해도 돼."

"몇 년 전에 인형을 사주고 나가서는 돌아오지 않았어요."

"아빠는?"

"일하러 갔어요. 일주일 후에 올 때도 있고 한 달 후에 올 때도 있고."

결국 이 위험한 곳에서 아이 혼자 지낸다는 이야기였습니다. 둘러보니 옷장도 없고 다른 옷도 걸려 있지 않았습니다. 지금 입고 있는 옷이 전부였던 것입니다. 이 작고 어린 여자아이가 안이 다 들여다보이는 곳에 혼자 있는 게 얼마나 무서울지 걱정스러웠습니다.

"니나, 무서울 때는 어떻게 하니?"

아이는 수줍게 몸을 꼬면서 옆 걸음질을 치더니 죽 둘러선 사람들 중 한 명의 뒤로 숨으며 말했습니다.

"선생님께로 뛰어가요."

니나의 눈이 선생님을 따라 움직이며 반짝였습니다. 니나의 말과 눈빛에서 이 작은 아이에게 선생님이 어떤 의미인지를 알 수 있었습니다. 니나에게 뿐만 아니라 컴패션 어린이들에게 어린이센터와 선생님들은 어떠한 상황에서도 달려가 안길 수 있는 안전한 피난처입니다. 특히 강도나 살인 등 범죄율이 높은 지역이나 천재지변의 위험이 있는 곳에서는 더욱 그렇습니다.

에콰도르의 한 지역에서 화산재가 하늘을 뿌옇게 덮을 정도로 큰 화산이 터졌습니다. 가난한 지역은 재난재해에 더욱 큰 피해를 봅니다. 온 가족이 흩어졌고 컴패션 어린이들도 뿔뿔이 헤어졌습니다. 선생님들이 아이들을 찾으려고 해도 온 하늘에 재가 날려서 앞이 보이지 않았습니다. 그때 한 직원이 컴패션 간판을 떼어서 높은 곳에 올라가 치켜들었고 옆에 있던 다른 선생님이 플래시로 그 간판을 비췄습니다. 그러자 화산재 속에서 하나둘 어린이들이 나타나기 시작했습니다. 센터에 등록되어 있던 60여 명의 학생들이 재를 뒤집어쓰고 눈물 자국이 범벅된 채 자신들을 불러준 선생님에게 달려온 것입니다.

브라질의 헤시피는 중남미의 지중해라고 불릴 정도로 아주 아름다운 곳입니다. 하지만 그 뒷골목에는 여지없이 지독한 가난 속에 살아가는 어린이들이 있습니다. 쓰레기로 뒤덮인 뻘밭 위로 수상가옥이 길게 군락을 이루고 있습니다.

이곳에 사는 어린이들을 위해 사역하던 센터에서 한 선생님이 간식시간에 맞춰 어린이들에게 줄 음료수를 사러 나갔습니다. 그런데 잠시 후, 어린이들 뒤에서 빵! 하는 총소리가 들려왔습니다. 그리고 다시는 그 선생님의 모습을 보지 못했습니다. 음료수를 사기 위해 들고 나간 돈이 화근이었습니다. 돈을 노린 폭력배가 선생님을 다짜고짜 총으로 쏘았고, 선생님은 그 자리에 즉사했습니다. 그 어린이센터 아이들은 간간이 도시에서 화려한 폭죽놀이를 하는 소리를 들으면 지금도 충격을 받고 슬픔에 휩싸입니다. 자신들을 사랑하고 아꼈던 선생님이 보고 싶기 때문입니다.

2010년 아이티에서 엄청난 규모의 대지진이 발생했을 때, 참혹한 재난 가운데서도 희망적인 이야기가 들려왔습니다. 지진 당시 수많은 어린이들이 부모의 손을 놓치고 실종되었습니다. 각 어린이센터 선생님들은 자기 가족의 생사 여부도 알지 못하는 상황에서 어린이들을 찾아다녔습니다. 하나둘 어린이들을 찾아낸 선생님들은 무너진 센터 대신 안전한 곳에 천막을 쳤습니다. 그리고 그곳에 모인 아이들에게 상처 치료는 물론 그림, 노래, 춤을 통한 상담 치료를 진행했습니다.

구호물품을 서로 갖겠다고 총까지 쏘아 가며 다투는 어른들의 살벌함 속에, 건물의 거대한 잔해가 무질서하고 위험하게 널브러져 있는 곳에서 어린이들의 웃음소리와 노랫소리가 들려왔습니다. 희망을 가질 수 없었던 어린이들이, 관심을 가지고 만져줄수록 더욱 잘 자라나는 화초처럼 사랑을 먹고 마시며 자라나고 있습니다.

한 번은 처음 등록된 어린이가 참여한 수업에 후원자들과 함께 들어갈 수 있었습니다. 처음이라 쭈뼛대며 서 있는 어린이를 선생님들이 친절하게 이끌며 놀이식 수업을 진행했습니다.

커다란 도화지 위에 어린이를 눕히고 몸의 윤곽을 따라 그림을 그리게 했습니다. 친구들끼리 서로를 그려주거나 선생님이 그려주기도 하는

데, 그날은 후원자들인 우리도 함께 그렸습니다. 윤곽을 다 그린 뒤에는 눈, 코, 입과 팔다리를 그립니다.

선생님이 어린이들에게 자기가 한 말을 따라 하라고 노래하듯 말합니다.

"사랑스러운 코."

"예쁜 눈동자."

"소중한 손가락."

"멋진 팔."

"튼튼한 다리."

하나같이 아름답고 사랑스러운 표현들입니다. 어린이는 평생 자신을 사랑스럽다, 예쁘다, 멋지다고 생각해본 적이 없습니다. 그래서인지 짧고 간단한 말인데도 따라하기를 어려워했습니다. 선생님이 하는 말을 따라하다 보면 자기에게 있는 모든 것이 조목조목 귀하지 않은 게 없다는 사실을 알게 됩니다. 결국 울먹이는 아이까지 생겼습니다. 이 수업에 참석한 한 후원자는 마치 자신이 그 어린이가 된 듯, 자신의 마음속에 번져가는 따스한 사랑에 함께 울먹이기도 했습니다.

어린이들은 이런 활동을 통해 조금씩 자기 자신을 사랑하게 되고, 자신에게 끊임없이 "사랑한다"라고 말해주는 선생님들을 사랑하게 됩니다. 어린이들이 누군가에게 마음을 열고 사랑하게 되는 것은 매우 중요합니다. 앞으로 그들이 사랑을 흘려보내며 더욱 큰 사랑 속으로 들어갈 수 있는 첫 문이 열리게 되기 때문이지요.

컴패션 안에서 양육 받는 어린이들은 각기 다양한 꿈을 꿉니다. 그런데 꿈 중에 60퍼센트 이상이 선생님입니다. 실제 센터 선생님 중에도 컴패션 출신이 많습니다. 할 수 있는 직업이 없어서가 아닙니다. 학교 교사, 교수, 회계사와 같이 사회적으로 성공한 사람들도 선생님이 되기 위해 센터로 다시 돌아오는 경우가 많습니다.

어린이들이 센터 선생님을 꿈꾸는 이유는 자신과 같은 빈민가에서 불가능을 이루어낸 선생님을 직접 보았기 때문입니다. 이들로부터 어린이들은 누군가 자신의 마음 깊은 곳까지 이해하고 공감해주는 사람이 있다는 것을 성경구절에서뿐만 아니라 실제로 배웁니다.

어린이들의 마음에 선명하게 새겨지는 것이 있습니다. 아무도 보살펴주지 않았던 자신들을 위해 낮은 곳으로 와준 선생님의 그 사랑이 세상의 성공보다 더욱 중요한 삶의 가치라는 것입니다. 생명을 돌보는 일이 하나님 사랑의 언어를 응축하여 보여줄 수 있는 가장 아름다운 일이라는 사실입니다.

이런 진실된 사랑은 한 어린이를 살리는 것에서 그치지 않습니다. 희망을 찾아 살아난 어린이는 그 부모와 가족, 더 나아가 한 공동체와 지역까지도 살립니다.

가족을 지킨 딸

엘살바도르에서도 마약 소굴이라고 불리는 곳에 간 적이 있었습니다. 이 지역의 주민은 70퍼센트 이상이 마약에 한 번은 손을 댄 경험이 있다고 합니다. 모든 마약은 그 지역에 활개치고 있는 조직폭력단을 통해 공급되고 있었습니다. 마을 사람들이 공급책이자 소비책으로 마을 경제가 마약으로 유지되고 있는 살벌한 곳이었지요.

그곳에 한 목사님이 가정집 마당을 빌려 교회를 세웠고, 컴패션과 손을 잡고 어린이들을 돌보기 시작했습니다. 공짜로 가르치고 먹여주고 놀아주는 목사님과 선생님들에게 아이들은 몰려들었습니다.

처음에는 폭력배들의 방해가 상당했습니다. 그런데 6개월쯤 지나자 아이들이 변하기 시작했고 폭력배들의 협박도 그쳤습니다. 폭력배의 자녀들도 그곳에 있었기 때문입니다.

어린이들이 늘어나자 마당 하나로는 비좁아졌습니다. 옆집 마당을 빌리려 했으나 쉽지 않아 길 건너편 집 마당을 빌렸습니다. 도로를 사이에 두고 두 마당에 모인 사람들이 한 목사님의 설교를 듣게 된 것이지요. 간혹 차가 지나갈 때면 목소리가 잘 들리지 않기도 했지만 사람들은 계속 늘어났습니다. 어느 집은 어린이들에게 줄 음식을 만드는 부엌이 되고, 어느 집은 교실이 되었습니다.

아이들이 교회에 어머니를 데려오기 시작했고, 어머니들이 자발적으로 오는 경우도 있었습니다. 점차 희망의 목소리가 높아지면서 아버지들도 하나둘 변하기 시작했습니다. 자신들의 아이들이 다른 인생을 살 수 있을 것이라는 소망이 아버지들을 바꾼 것입니다.

이후 이 지역의 마약범들이 조직폭력단에서 나오는 방법이 새로 하나 생겼습니다. 기존의 방법은 거의 죽다시피 해서 나가는 것이었고, 다른 하나는 이 교회에 등록하고 주보를 가지고 가는 것이었습니다.

교회에 도착하자 따뜻하게 우리를 맞아준 목사님과 성도님들이 자신들의 이야기를 들려주었습니다. 그중 가장 기억에 남는 것은 한 아버지의 고백이었습니다. 이 아버지는 어린 딸과 예쁜 아내를 옆에 세워놓고 자신의 이야기를 들려주었습니다.

"안녕하세요, 저는 주일학교 선생님입니다. 하지만 이전에는 조직폭력단에 소속되어 있으면서 오랫동안 마약을 팔았습니다. 그러다 덜미를 잡혀서 감옥에 가게 되었지요. 저 같은 사람은 감옥에 가면 나오기가 아주 어렵습니다. 복역 기간이 길죠. 그러니 가장 먼저 아내와 아이들이 떠납니다. 저도 각오했죠. 아니나 다를까 제가 감옥에 가자 아내는 집을 떠날 결심을 했습니다. 딸아이는 그때 컴패션에서 양육을 받고 있었는데 하루는 아이가 집에 왔을 때 아내가 가방을 싸고 있었습니다. 엄마의 표정이 심상치 않은 것을 본 아이가 왜 그러냐고 물어도 아내는 저리 가 있으라고만 하고 대답을 피했습니다. 말없이 물러나 있던 딸은 한참 후에 다시 나타나 아내에게 이렇게 말했습니다."

여기까지 이야기하고 아버지는 눈물을 닦았습니다. 옆에서 아이의 어머니 또한 묵묵히 남편의 말을 듣고 있었습니다.

"엄마, 우리가 떠나면 예수님이 아빠를 사랑하시는 걸 누가 알려줘? 누가 아빠랑 함께 있어?"

그 말에 아이의 엄마는 짐을 싸던 손을 멈췄고 아이는 마지막으로 이렇게 말했습니다.

"예수님이 아빠도 사랑하시잖아."

그는 이 말을 하며 펑펑 울었습니다. 감옥으로 찾아온 아내는 그 이야기를 하며 남편이 감옥에 얼마나 오래 있든 딸과 함께 기다리겠다고 했습니다. 그는 모범적인 수감생활로 조기 석방되어 가족의 품으로 돌아왔고, 매주 이 교회 주보를 폭력단에 가져다 주어 그들과 완전히 관계를 끊었습니다. 그는 마지막으로 이렇게 말했습니다.

"딸을 통해 제가 예수님을 알게 되었습니다. 저 같은 죄인도 사랑받을 자격이 있고, 언제나 사랑받는 하나님의 아들임을 말입니다."

한 어린이를 통해 한 가족이 완전히 변했습니다. 이 시작은 어린이가 누군가에게 사랑을 받았다는 것에서 출발했습니다. 사랑받는 아이는 변합니다. 아버지가 감옥에 가고, 어머니가 그 아버지를 버리고 떠나려 하는 현실 속에서도 사랑받는 어린이는 자기가 가진 가장 좋은 것을 전할 수 있습니다. 그리고 이렇게 자란 어린이는 사랑으로 차가운 세상을 이겨낼 수 있습니다.

제가 찾아간 필리핀 세부의 한 어촌에서는 과거 새벽 1시만 되면 어린 여자아이들이 아버지 손에 이끌려 부둣가로 나갔습니다. 아버지들이 딸들에게 매춘을 시키는 것입니다. 그러면 1,2달러를 손에 쥘 수 있습니다. 어떤 아버지는 딸이 받은 상처와 아픔을 잊고 싶어 그 돈을 술 먹는 데 탕진해 버리기도 합니다. 지독한 가난이 각 가정의 삶을 매일 절망으로 이끌어간 것입니다. 이곳에 어린이센터가 세워지기 전까지 이러한 삶의 모습은 달라지지 않았다고 합니다.

고사리 같은 딸의 손을 붙잡고 새벽 부둣가를 걸었던 아버지들이 우리에게 자신들의 이야기를 들려주며 눈물을 흘렸습니다. 그리고 잔인한 현실이 아닌 미래를 바라보게 된 이야기를 나눠주었습니다. 살아갈 만한 용기를 내기 시작한 아버지들의 눈물이 센터 안을 가득 매웠습니다.

우리도 그들이 간신히 붙든 희망을 응원했습니다.

몇 년 전이었습니다. 크리스마스가 되기 얼마 전, 필리핀컴패션을 방문하게 되었습니다. 필리핀 대표가 꼭 같이 가야 할 곳이 있다며 저를 이끌고 갔습니다. 전기가 귀한 마을인지 초저녁인데도 깜깜한 어둠 속이었습니다. 그런데 아무것도 보이지 않는 곳에서 노랫소리가 들리면서 하나둘 불이 켜지기 시작했습니다. 이렇게 한 개 두 개 켜진 불이 마을 골목골목에서 긴 행렬을 이루며 움직이고 있었습니다.

저와 필리핀 대표는 어린이센터가 있는 교회 쪽으로 걸어가고 있었는데, 밝은 불빛이 우리 주변에 모여들며 같은 곳으로 걸어갔습니다. 수레에 램프를 켜고 따라오는 이, 가족들을 태운 자전거에 촛불을 켜고 노래하며 가는 이를 비롯하여 센터 앞에 다다를 때쯤 되자 우리 주변은 대낮처럼 밝았습니다. 이들이 들고 있는 등을 자세히 보니 찌그러진 페트병이나 깨진 유리병 등 쓰레기로 만든 것들이었습니다. 하지만 그 불빛에 비친 표정은 누구보다도 행복한 얼굴이었습니다.

이렇게 모인 등을 센터에 걸고 우리는 예배를 드렸습니다. 예배 순서는 여느 교회와 비슷했습니다. 하지만 저는 마치 예수님이 태어나신 그 마구간에 충만했을 기쁨과 평안을 맛보는 듯했습니다. 이 세상의 가장 낮고 천한 곳에 오신 예수님이 우리가 예배하는 낡고 허름한 공간에 오셔서 따뜻하고 푸근한 사랑으로 함께하심을 느낄 수 있었습니다.

사랑이 반드시 이깁니다

우간다에 후원자들과 함께 갔다가 마침 '1:1리더십결연 프로그램'을 마친 컴패션 대학생 350여 명이 졸업식을 한다고 해서 참석했습니다.

1:1양육은 어린이가 경제적으로 자립할 수 있을 때까지 이어지는데, 그들 가운데 섬김의 리더십이 뛰어난 학생들은 대학에 보내 리더십 훈련을 병행한 전인적 양육을 받을 수 있게 합니다. 대학생을 돕는 후원자 수가 많지 않기에 성품과 성적, 가능성을 두루 보고 신중에 신중을 더해 선발되는 학생들입니다.

이날은 졸업생들뿐 아니라 이미 사회에 진출한 컴패션 출신 청년들도 동석했습니다. 하나님의 사랑이 어떻게 한 사람을 붙들고 고난의 때마다 함께하셨는지를 들으니 고개가 끄덕여지고 가슴이 벅찼습니다. 이야기를 다 듣고 난 뒤, 후원자 중 한 분이 '존 오치엥'이라는 젊은 변호사에게 물었습니다.

"존, 당신은 왜 변호사가 됐습니까?"

잘생기고 키도 큰 존이 우리를 바라보았습니다.

"저는 미국 사람들이 가르쳐준 법을 이 땅에 세우는 것을 원치 않습니다. 우간다 사람들이 원하는 법을 세우는 것도 원치 않습니다. 저는 '내가 곧 길이요 진리요 생명이니'(요한복음 14장 6절) 라고 말씀하신 그분의 사랑과 정의가 기초가 된 법이 이 땅을 다스리길 원합니다. 우리는 이 말씀의 법을 따르는 분들에게 사랑의 빚을 졌고, 그 빚을 갚고 싶습니다. 또 이 법을 통해 고통받는 사람들이 줄어들기를 바랍니다."

오치엥의 말에 함께한 졸업생들이 고개를 끄덕였습니다. 이들은 자신들의 직업에 상관없이 주말이 되면 빈민가로 들어가 사랑과 지식을 전합니다. 컴패션 양육 프로그램 안에 자원봉사 시간이 포함되어 있고, 대학생이 되면 이를 보다 잘할 수 있도록 격려받기에 아마도 몸에 배었던 것 같습니다. 하지만 보아하니 다들 바쁜 일상을 보내고 있을 게 분명했습니다. 주말마다 시간을 내는 게 힘들지 않을까 궁금했습니다.

저와 같은 생각이었던 후원자가 이에 대해 묻자 오치엥이 대답했습니다.

"아니요. 오히려 힘이 납니다. 하나님이 후원자님을 통해 우리를 살려주셨습니다. 그 도움이 아니었다면 우리 중 태반은 이미 이 세상에 없을 것입니다. 덤으로, 은혜로 받은 삶입니다. 마땅히 드려져야 할 삶이 지요. 우리가 누군가를 도울 때 우리가 받은 사랑이 생각나 더욱 감사하게 됩니다."

그 뒤 오치엥은 변호사 일을 하는 동시에 컴패션 졸업자들과 함께 빗물을 정화해 어린이들이 걱정 없이 물을 마실 수 있도록 하는 '워터 스쿨 (Water School)'이라는 국제 NGO의 우간다 지부를 맡아 일하고 있습니다. 우간다의 최연소 상원의원인 '마가렛 마코히'도 오치엥과 같은 꿈을 꾸는 컴패션 출신의 30대 여성입니다. 소작농의 딸로 태어난 그녀는 후원자를 만나 대학을 마치고 센터장 선생님이 되었습니다. 그러다 어린이들을 위해서는 법이 새로워져야 한다는 사실을 깨닫고 하나님의 부르심으로 국회의원에 출마했습니다.

가난으로 열세 명의 형제자매 중 열 명을 잃은 그녀였습니다. 가진 것이라고는 두 명의 남동생이 가진 소형 오토바이와 후원자를 비롯한 컴패션의 열렬한 지지가 전부였습니다. 상대방의 부정선거로 공천에서 떨어진 적도 있었습니다. 하지만 하나님께서는 그녀에게 늘 포기하지 말라고 말씀하셨습니다.

그녀의 꿈이 이루어진 후 마가렛의 고향에서는 변화가 일어났습니다. 여자가 있어야 할 곳은 부엌뿐이라고 인식하던 마을에서 서서히 여자 아이들을 학교에 보내는 사례가 늘어나고 있습니다. 어린이교육에 대한 시야가 넓어지면서 너도나도 교육에 열을 올리게 되었습니다.

우간다에는 이런 컴패션 졸업자들의 정기모임이 지금도 계속되고 있고, 좀 더 나은 세상을 만들기 위한 실질적인 움직임이 일어나고 있습니다.

아주 작은 한 여자아이의 입에서 "저는 가난 속에서 태어나고 자랐지만 제 안에는 가난이 없습니다"라는 말이 나온다고 생각해보세요. 쓰레기 더미나 다름없는 오두막에서 누렇게 바랜 옷을 입은 깡마른 어린이가 생기 넘치고 빛나는 얼굴로 자신만만하게 이야기하는 것을 마음으로 그려보세요. 어떤 기분이 들까요? 우리가 이 어린이보다 진짜 더 잘 살고 더 부유한 사람들인지 되돌아보지 않을 수 없을 것입니다.

이 영특하고 사랑스러운 말을 한 주인공인 '미쉘 토렌티노'는 필리핀 마닐라의 뒷골목에서 태어났습니다. 미쉘은 어릴 때부터 친구들이 매춘으로 팔려가는 것을 보며 자랐습니다. 단칸방에서 무려 17명의 친척들이 함께 지냈습니다. 미쉘의 고통은 여기서 끝나지 않았습니다. 마약 중독자로 난폭하고 위험했던 아버지를 가장 많이 닮은 장녀 미쉘은 온 집안의 공적이었습니다. 친어머니마저 대여섯 살밖에 안 된 그녀에게 폭언을 퍼부었습니다.

"너는 아버지처럼 마약 중독자가 되거나 몸을 팔게 될 거다!"

좀 더 컸을 때에는 한방에서 지내는 남자 친척들에게 추행을 당하기도 했습니다.

불우한 어린 시절을 보낸 그녀였지만 컴패션에 등록되어 후원자의 사랑을 받으며 성장했고, 이십 대 초반의 그녀를 만났을 때는 뮤지컬 공연 기획자로 활동하고 있었습니다. 공연장에서 만난 그녀는 작지만 강단 있게 큰 공연장을 진두지휘하고 있었습니다.

필리핀에도 컴패션 졸업생 모임이 있습니다. 미쉘은 졸업생 모임에서 민다나오섬의 빈민가 출신인 '라폰젤 파존'과 이야기를 나누었습니다. 당시 라폰젤은 다국적 유통회사에 신입사원으로 입사해 필리핀 최대 지점 세 곳을 동시에 운영할 정도로 탁월한 리더였습니다. 부드럽지만 강력한 라폰젤의 설교는 컴패션 안에서도 유명했습니다.

"라폰젤, 우리는 어떻게 하나님께 선택되었을까? 하나님께서 우리를 선택하셨다는 건 분명해. 그동안 하나님께서는 우리를 부족함 없이 인도해주셨어. 그런데 여기서 만족한다면 우리는 안주하는 거야. 하나님께서 좀 더 넓은 세상으로 우리를 부르고 계신 것은 아닐까?"

미쉘의 이야기에 라폰젤도 깊이 동감했습니다. 미쉘과 라폰젤은 곧 하나님의 인도하심을 구하며 기도하기 시작했습니다. 그리고 컴패션 졸업자 10여 명과 의기투합하여 뜻을 구체화했습니다. 각자의 자리에서 성공가도를 달리던 이들이 보다 가치 있는 일을 하기로 한 것입니다. 이들의 계획을 들은 컴패션이 이를 지원해주었습니다.

그렇게 해서 미국 하와이에 본사를 두고 필리핀 마닐라에 지사를 둔 '메이드 인 호프(Made in Hope)'라는 여성과 어린이를 돕는 단체가 세워졌습니다. 본사와 지사에 각각 1,2명의 컴패션 졸업자들이 일을 담당했습니다.

이들이 돕는 여성들은 단순히 가난한 여성들이 아닙니다. 빈민가에서 매춘업에 종사하는 여성들로 그들이 한 번 몸을 팔고 받는 돈은 2달러에 불과합니다. 그리고 아버지가 누군지 모르는 자녀들을 낳아 기르면서 많은 어려움을 겪습니다. 이들을 만나기 위해서는 몹시 위험한 곳으로 들어가야 합니다. 때로는 자신들을 매춘하는 여성으로 오해해 함부로 대하는 취객들도 만나고 폭력배들이 업무를 침해한다며 위협하기도 합니다. 그래서 거리로 들어갈 때마다 미쉘과 직원들은 매번 기도합니다.

그들은 매춘업에 종사하는 여성들과 함께 액세서리나 엽서를 제작하여 판매하기도 하고 자녀들을 위해서는 전인적인 양육 프로그램을 개발하기도 했습니다. 또한 정기적으로 'Beauty from Ashes(재 대신 화관을)' 콘퍼런스를 열어 여성들에게 하나님의 사랑을 전했습니다. 탁월한 동기부여가인 라폰젤도 이 콘퍼런스에서 활발히 활동했습니다.

미쉘은 어른이 된 뒤에도 어릴 적 자신이 자란 동네에 가는 것이 가슴 아픕니다. 옛집이 있던 자리에 새로 건물이 지어지고 예전의 빈민가 풍경도 많이 바뀌었지만, 그곳을 지나가면 여전히 마음이 아픕니다. 그런 그녀가 자신의 어린 시절을 떠올리게 하는 매춘 여성들을 돕는 사역을 펼쳐나가게 된 것입니다. 그녀는 말합니다.

"이들은 또 한 명의 미쉘입니다. 그리고 지금도 세상에는 저와 같은 미쉘이 여전히 많습니다. 그들에게 말해주고 싶습니다. 가난이 주는 수많은 거짓말에 속지 말라고, 사랑은 반드시 있다고 말입니다."

여섯 살 때 만난 미쉘의 후원자는 편지로 "너를 사랑한단다. 그리고 너는 정말 예쁘단다"라고 말해주었습니다. 미쉘은 그 말이 믿어질 때까지 편지를 읽고 또 읽었습니다. 편지의 귀퉁이는 아마 다 닳았을 것입니다. 수없이 편지를 읽으면서 미쉘의 마음은 커다란 저수지처럼 사랑의 물을 담고 모았을 것입니다. 마르지 않는 사랑의 물이 하나님으로부터, 후원자로부터, 선생님으로부터 흘러 들어왔습니다. 마침내 저수지에 사랑이 차고 넘쳐 이제 다른 곳으로 흘러갑니다.

흔히들 세상은 차갑고 사람은 누구나 혼자라고 말합니다. 미쉘은 자신과 꼭 닮은 미쉘들에게 그것이 거짓말이라고 말합니다. 자신은 혼자가 아니었고 세상은 차갑지도 않았다고. 비록 불우한 환경과 뼈아픈 경험이 사실이었다 해도, 사랑을 받아들이고 믿는다면 분명히 하나님의 사랑의 손길을 경험하게 될 것이라고, 억압받고 고통당하는 또 다른 미쉘에게 외치고 있습니다.

사랑하는 아빠,

오늘도 좋은 하루 보내셨나요?

아빠가 하나님의 은혜 안에서 항상 건강하시기를 소망해요.

저희 가족은 잘 지내고 있고 저는 열심히 공부하고 있답니다.

세 번째 정기 시험에서 모든 과목을 통과했어요.

어린이센터에서도 말씀, 예의범절, 예수님 이야기 등 많은 것을 배웠어요.

보내주신 선물금 정말 감사드려요. 블라우스와 스커트, 샌들을 샀어요.

학교와 교회에 갈 때 새 옷을 입었답니다.

네 번째 정기 시험에서 제가 모든 과목을 무사히 통과해서

이번 6월 4학년에 진학할 수 있도록 아빠도 함께 기도해 주세요.

어떻게 지내고 계세요? 요즘엔 어떤 일 때문에 바쁘세요?

아빠의 사랑에 항상 감사해요.

2008년 2월 9일

사랑을 전하며, 준 마리 드림.

사랑하는 내 딸 준에게,

편지 정말 고맙다.

나에게는 아들만 셋 있어서 준은 우리에게 굉장히 소중한 딸이란다.

수년간 딸을 낳고 싶었는데 하나님께서는 아들만 허락해주셨어.

그렇지만 지금은 필리핀 딸이 생겼지.

네 사진을 항상 가지고 다닌다는 걸 알려주고 싶구나.

어머니께서 보내신 편지를 읽으면서,

준이 아름다운 섬김의 자세를 가지고 있다는 걸 볼 수 있었단다.

네가 속옷과 신발을 직접 세탁하려고 한다고 이야기하시더구나.

얼마나 훌륭한지, 참 자랑스럽다!

준, 예수님께서는 어느 누구보다도 너를 사랑하시는 분이란다.

우리가 멀리 떨어져 있지만

아빠는 항상 너를 생각하고 너를 위해 기도하고 있어.

준은 우리 가족에게 너무나도 소중하기 때문이야.

하나님께서 더욱 축복하시길 기도해.

한국 아빠와 엄마가.

사랑하는 아빠!

어떻게 지내셨어요?

저는 하나님의 은혜로 건강하게 지내고 있고 학교도 잘 다니고 있어요.

엄마가 천식을 앓고 계시는데 그 모습을 보면 안쓰러워요.

천식 때문에 일도 그만두셨어요.

엄마가 낫게 해달라고 하나님께 기도 드린답니다.

아빠가 보내주신 편지와 선물금은 우리 가족에게 큰 도움이 되었어요.

식탁과 의자를 사서 이제 비가 와도

집 안에서 제대로 밥을 먹을 수 있게 됐거든요.

엄마는 접시 보관대를 사시고 제 옷과 색칠공부 책도 사주셨어요.

엄마가 완전히 회복될 수 있도록 기도해주세요.

엄마가 걱정하실 일 없도록 우리도 항상 건강했으면 좋겠어요.

아빠가 사는 곳에는 눈이 오나요?

몇 월에 와요?

하나님께서 아빠를 항상 축복하셨으면 좋겠어요.

2008년 9월 19일
사랑하고 아끼는 마음을 담아, 준 마리 올림.

준 안녕?

이곳 한국 서울의 크리스마스는 춥단다.

눈이 올지도 모른다고 하는구나.

가끔은 눈이 많이 와서 화이트 크리스마스가 되기도 해.

네 질문에 답이 되었기를 바란다.

어머니의 건강을 위해서 아빠도 기도할게.

하나님께 완전히 치유해달라고 말이야.

준, 네 편지를 받고 아빠는 정말 많이 놀랐단다.

첫째는, 네가 쓴 글씨가 무척 정갈하고 예뻤기 때문이야.

두 번째로, 네 글쓰기 실력에 감탄했단다.

아빠 생각에 너는 뛰어난 작가가 될 수 있을 것 같구나.

하나님께서 글을 쓰는 재능을 주신 것 같아.

어머니의 건강에 대한 소식을 아빠에게 계속 알려줬으면 한다.

하나님께서 너를 더욱 축복하시길 기도할게.

2008년 12월 2일
아빠가.

June Marie

PART 3

너와 내가 만나서 이루어가는 꿈

Thank
you and
God Bless
you

여기 보낸 이를 아세요?

미국에서 목사로 사역하다가 한국을 배우고 싶어 들어와 있던 중 성결대학교에서 교수직을 맡게 되었습니다.

강의 첫 날, 첫 시간, 학생들에게 물었습니다.

"여러분, 이 학과를 선택한 이유가 무엇입니까? 여러분 스스로의 선택이었습니까, 아니면 누가 이곳에 여러분을 보냈나요? 이 선택에 대해 자신이 없다면 수강신청을 취소하서도 좋습니다."

삼십 대 젊은 교수의 패기가 한몫한 과감한 제안이었죠. 그런데 이 말을 들은 몇몇 학생들이 정말 수강신청을 취소하기 시작했습니다. 제가 한 말이 그렇게 설득력 있었나 싶으면서도 같은 과 교수님들에게 죄송해서 눈치가 많이 보였지요.

저는 강의 때 출석을 부르지 않았습니다. 시험 날짜는 학생들이 직접 정하게 했고 리포트에 강점이 있는 학생과 시험에 강점이 있는 학생을 분류하여 점수의 퍼센트를 다르게 했습니다. 또 제 강의노트를 다운로드할 수 있게 해서 시험 보기 전, 교수가 중요하게 생각하는 것이 무엇이고, 출제될 만한 문제가 무엇인지 미리 알 수 있게 했지요. 그래서인지 강의실은 종종 만원이 되었고 강의 외 시간에도 학생들이 수시로 찾아왔습니다.

저는 학생들이 하나님께서 주신 비전을 진지하게 고민해보고 선택할 수 있기를 바랐습니다. 점수를 얻는 것과 상관없이 본질적인 인도하심을 발견할 수 있었으면 했지요. 그것이 선명해진다면 자신에게 필요한 것이 무엇인지 알 수 있고, 하나님은 그런 도전에 힘을 실어주실 것이 분명했으니까요. 점수에 따라 과를 선택하거나 부모님이나 누군가의 강요로 직업을 정하고 그것으로 행복을 가늠하는 것이 참행복의 비결이 아님을 깨닫길 바랐습니다. 그래서 학생들에게 물었던 것이지요. '누가' 이곳에 보냈느냐고요.

저는 태어날 때부터 기독교인이었습니다. 하지만 진정 하나님의 자녀로 살아가는 기쁨을 알게 된 것은 고등학교 때부터였습니다. 끊임없이 제 안의 죄와 싸우던 일 년여의 시기를 지나고 나서야 비로소 예수님이 제 죄를 대신하여 죽으셨음을 깨달았고 하나님의 사랑 안에서 다시 태어나는 경험을 하게 되었습니다. 커다란 자유함이 제게 왔습니다. 저는 제가 아는 하나님의 사랑을 다른 이들도 알게 되길 소망했고, 하나님께 받은 사랑을 전하는 일이 삶의 목적이 되면서 평범했던 저의 삶이 비범하게 바뀌는 것을 경험하기 시작했습니다.

저는 어린이가 새로운 삶을 살아갈 수 있도록 양육하는 컴패션 안에서 행복합니다. 하나님의 사랑을 전하고 생명을 살리는 일은 사람을 바꿉니다. 꼭 컴패션뿐 아닙니다. 생명 살리는 일의 기쁨을 누리는 사람은 누구라도 하나님과 단둘이 만나 새롭게 만들고 써내려간, 세상이 이해하지 못할 전혀 다른 행복의 기준을 보여줄 수 있습니다.

제게 있어 하나님께 삶을 맡겨드리는 것은 내려놓음이 아니었습니다. 사랑을 전하고 생명을 살리는 일은 보기에 따라 무척이나 무겁고 막중한 일처럼 보일 수 있습니다. 하지만 저는 제 힘으로 할 수 없다는 것을 잘 알기에, 그 일에 동참할 수 있도록 초대하신 하나님께 감사할 수 있었습니다. 이 일은 제게 '누림'이었습니다.

어려운 형편 속에서도 어린이를 후원하며 오히려 희망을 찾은 후원자, 우울증으로 고생하다 어린이의 편지를 보며 이를 극복한 사람, 늦은 나이에 손주보다 더 어린 지구 반대편 어린이를 후원하면서 오히려 새로운 청춘을 경험하는 후원자 등 너무나 많은 증거들이 제 주변에 있습니다. 생명을 살리는 일은 귀합니다. 그 일을 경험하면서 우리는 더 큰 하나님의 기쁨에 동참하게 되며, 우리 안에 심겨진 고귀하고 선한 마음이 자유롭게 흘러나와 더 풍성한 삶을 살게 됩니다.

동물병원 지하창고

동에 번쩍, 서에 번쩍하는 한 사람이 있습니다. 컴패션 어린이가 서툴게 그린 그림과 "I AM COMPASSION"을 눈에 확 띄는 노란색 바탕 위에 그려 놓은 귀여운 소형차를 타고 각종 컴패션 행사에 나타나는 분입니다. 한번은 가수 선 씨가 10킬로미터 후원자 모집 마라톤 행사에 참가한다고 해서 저도 같이 출전한 적이 있습니다. 10킬로미터였지만 완주하고 나니 어찌나 목이 타고 땀이 나던지요. 가쁜 숨을 돌리고 있는데 제 눈에 그 차가 들어왔습니다. 일흔이 넘으신 아버지를 모시고 아내와 귀여운 남매를 이끌고 함께 온 것입니다. 헉헉대느라 인사도 제대로 못하고 '아, 또 오셨구나! 가족들이 다 오셨네. 대단하다!'라고 생각만 했습니다. 어린이를 후원하는 성남의 작은 교회에서 저와 가족들 그리고 몇몇의 후원자들이 크리스마스 예배를 드릴 때에도 뒷줄에 앉아 눈물을 훔치며 함께 하기도 했지요.

홍성 읍내 오일장 입구에서 동물병원을 운영하고 있는 수의사 강상규 씨 이야기입니다. 이분과 마주칠 때마다 궁금했습니다. 저야 한국컴패션 대표니까 그렇다 치고, 이분은 무엇 때문에 이렇게 동에 번쩍, 서에 번쩍하며 후원활동을 열심히 하는 것일까요?

강상규 씨가 콜롬비아에 사는 여섯 살짜리 남자아이 '제이슨'과 결연할 당시 그는 삼십 대 중반에 수의사가 되어 동물병원을 낸 상태였습니다. 수의사로 일하시던 아버지를 따라 꿈꾸었던 수의사가 되었고, 자신만의 멋진 동물병원도 갖게 되었습니다. 또한 아름다운 아내와 건강한 두 아이들과 함께 단란한 가정도 이루었습니다. 그런 그에게 갑자기 정체불명의 편두통이 찾아왔습니다. 정확한 병명도 모른 채 그는 두통으로 인해 여러 차례 쓰러져 응급실에 실려가기까지 했습니다.

"교회에 앉아 기도하고 예배드리는 내 모습이 이중적으로 보였어요. 예수님께 전적으로 드리는 삶의 모습도 없었고, 남편으로서 아빠로서의 진실한 모습도 없었어요. 내가 왜 여기서 이러고 있나 싶었지요. 그때선, 정혜영 부부가 쓴 책을 보게 되었고 컴패션에 대해 알게 되었죠. 홈페이지에 들어가 여섯 살이었던 제이슨과 결연했습니다. 그렇지만 생각보다 기쁨은 크지 않았습니다. 어린 제이슨을 대신해 선생님이 편지를 써주었고, 그 안에 담겨 있는 내용도 상투적으로 들렸기 때문입니다."

시간이 갈수록 그의 두통과 무기력증은 심해졌습니다. 혹시 하나님의 부르심이 수의사가 아니라 목사나 선교사가 되는 것인가 싶어 진지하게 고민했지만 그것도 아니었습니다.

그로부터 일 년 뒤, 그는 제이슨으로부터 한 통의 편지를 받았습니다. 평소처럼 대충 읽고 있는데 제이슨이 그를 위해 기도한다고 쓰여 있는 것을 '발견'했습니다. '발견'이라고 한 것은, 이전에도 똑같은 내용이 있었는데 유심히 보지 않았기 때문입니다.

"짧은 내용의 편지에서 제가 발견한 진짜 의미는, 제가 제이슨에게 주는 도움보다 이 작고 연약한 아이가 내게 보내는 사랑이 훨씬 더 크다는 사실이었습니다. 어린아이에게 이렇게 큰 사랑을 받고 있다니요! 마치 하나님의 사랑을 외면했다가 깨닫게 되었을 때와 같은 심정이었습니다."

그는 이전에 받은 편지들을 다시 찾아보았습니다. 그 안에 온갖 사랑의 말과 그림, 성경구절들이 있었습니다. 그 성경구절은 그에게 때마다 필요한 말씀들이었습니다. 그는 하나님이 자신을 개별적으로 인도하고 계심을 온몸으로 느낄 수 있었습니다.

그는 노후연금 보험을 해약해서 동물병원 지하에 비어 있던 공간을 꾸미기 시작했습니다. 한국컴패션 건물 안을 가득 메운 희망을 찾은 어린이들의 사진들이 그에게 행복감을 주었던 것처럼 어린이를 사랑하는 일이 얼마나 큰 힘이 되고 기쁨이 되는지, 이곳에서 따뜻한 차 한 잔과 함께 나누고 싶은 마음이 들었기 때문입니다.

"지금이 없이는 나중도 없다는 것을 깨달았거든요."

이렇게 고백하는 그는 하나님 이야기와 컴패션 이야기가 있는 그곳을 '마라의 샘'이라고 이름 붙였습니다. 광야를 지나며 목이 마른 이스라엘 민족 앞에 나타난 쓴 물, 마라의 샘이 모세가 하나님께 기도하고 그곳에 나뭇가지를 꺾어 던지자 단물이 된 것처럼, 이곳이 전 세계 고통받고 있는 어린이들에게 단물을 흘려보내는 곳이 되기를 바라는 마음이었습니다. 그리고 그를 괴롭히던 두통도 거짓말처럼 사라졌습니다.

한밤중이라도 소가 새끼를 낳거나 개나 염소가 아프다고 하면 강상규 씨는 차를 몰고 출동합니다. 시골에서 수의사는 도시의 수의사와 의미가 다릅니다. 동물의 생사는 한 가족의 생계와 직결되기 때문입니다.

깜깜한 시골길에는 가로등 하나 없는 경우도 있습니다. 하지만 아픈 동물이 있는 집은 반드시 불이 켜져 있습니다. 그는 내비게이션 없이도 불빛을 따라 그 집을 찾아갑니다. 지금 그의 삶은 어둠 가운데 사는 어린이들에게 오롯이 켜진 불빛입니다. 단순한 불빛이 아니라 생명을 살리는 빛입니다. 하나님께서 원하시는 일을 일상의 행복과 결부시켜 새로운 삶을 살고 있는 그는 하나님께서 보내주시는 진짜 행복의 불빛 아래 지치지 않고 오늘도 부릉부릉 달려가는 중입니다.

글씨가 못생겨서 미안해

회의 중에 한 직원의 휴대전화가 쉬지 않고 진동했습니다. 문자가 왜 이렇게 많이 오느냐고 묻자 그 직원이 미소를 지으며 한 후원자 이야기를 들려주었습니다.

"유요한 씨라고 필리핀 비전트립에 같이 간 분이에요."

이십 대의 유요한 씨는 지적장애 2급의 선천성 장애인입니다. 이것은 후에 요한 씨 이야기가 일간지 사회면에 크게 나면서 알게 되었죠.

비전트립 중 후원자와 어린이가 만나는 시간이 되었습니다. 기대와 설렘을 잔뜩 품은 어린이들 중에서도 유독 밝고 해맑은 아이, "디안 까를로"가 눈에 띄었는데 그가 바로 유요한 씨의 후원어린이였습니다. 둘은 처음부터 손을 잡고 마치 오랫동안 알아온 사이처럼 즐거워했습니다.

디안은 유요한 씨가 장애인임도 잘 알고 있었습니다.

디안은 자신이 가장 아끼는 보물인 유요한 씨에게 받은 많은 편지를 보여주었습니다. 디안에게 그중에서 최고로 좋은 세 장의 편지를 꼽으라고 했습니다. 디안은 스티커가 많이 붙어 있는 두 장을 먼저 고르더니 아주 소중한 듯 조심스럽게 한 장의 사진을 꺼내 들었습니다. 유요한 씨의 사진이었습니다. 그 사진을 보는 디안의 표정에서 아이가 요한 씨를 어떻게 생각하고 있는지 알 수 있었습니다.

둘은 같이 래프팅을 하면서 즐거운 시간을 보냈습니다. 요한 씨는 평소 같았으면 절대 래프팅을 하지 않았을 것입니다. 그런데 이번에는 달랐습니다. 디안이 함께하고 있었기 때문입니다.

"제가 디안의 형이잖아요."

요한 씨는 디안이 무서워할까 봐 끝까지 씩씩하게 탔다고 말하며 내심 무사히 래프팅을 잘 끝낸 것에 안도의 한숨을 내쉬었습니다. 한국에 돌아와 얼마 후 디안에게서 답장이 왔습니다.

"후원자님, 저를 방문해주셔서 감사드려요. 후원자님과 함께할 수 있어서 정말 행복했어요. 제게 주신 모든 편지와 선물을 소중히 간직할게요. 후원자님을 절대 잊지 않을 거예요."

요한 씨에게는 디안과 같은 동생들이 전 세계에 있습니다. 부모님의 도움을 받아 이 어린이들을 후원하고 있지만 요한 씨에게도 동생들에게 편지를 쓰며 형 노릇을 하는 일은 이전과는 다른 삶을 살 수 있는 새로운 계기를 마련해주었습니다.

요한 씨는 고등학교 3학년 때 부모님과 함께 필리핀에 가족여행을 갔다가 맹독성 물고기인 스톤피쉬를 밟는 사고를 겪었습니다. 그는 필리핀 현지 병원에서 열흘 정도 입원했다가 한국으로 돌아와 치료를 받고 나서도 2년 동안 집에 누워 있어야 했습니다. 그나마 천만 다행이었습니다. 스톤피쉬는 서태평양에 서식하는 독성이 강한 전갈물고기 중 하나로 몸에 스치기만 해도 살이 썩어 들어가고, 등뼈에 솟아 있는 독샘에 찔리면 심한 통증과 함께 정신착란을 일으켜 심한 경우 목숨을 앗아가는 무서운 물고기였으니까요.

하루 종일 집에만 있다 보니 집에 오는 우편물은 모두 그의 차지였습니다. 그러던 어느 날 그는 우연히 컴패션 어린이가 부모님에게 보낸 편지를 보게 되었습니다. 그때부터 어린이에게 편지 쓰는 일이 요한 씨의 새로운 기쁨이 되었습니다.

장애가 있는 그로서는 한 문장을 쓰는 것도 쉬운 일이 아니었습니다. 평소뿐 아니라 생일, 어린이날, 크리스마스 같은 기념일이나 절기에도 편지를 써야 했으니 오죽 쓸 편지가 많았을까요. 처음에는 글자 한 자, 한 자에 온 신경을 쏟아 부어야 해서 한 장을 다 쓰려면 온종일이 걸렸다고 합니다. 쓰고 나면 온몸이 땀에 흥건히 젖었고요. 그래서 요한 씨 편지에는 꾹꾹 눌러쓴 자국이 남아 있기 마련이었습니다.

그렇게 매일 길게는 7~8시간씩 필리핀, 인도네시아, 볼리비아 등 세계 곳곳의 동생들에게 편지를 썼습니다. 매일 우체통을 확인하는 일은 그의 가장 중요한 일과가 되었지요. 일 년에 한두 번 가족여행이나 휴가로 집을 비우는 날에는 떠나기 전부터 마음이 무거워집니다. 자신이 없는 동안 우체통에 쌓여 있을 편지들 때문이지요. 비록 삐뚤삐뚤한 글씨에 가끔 맞춤법을 틀리기도 하지만 요한 씨의 편지에는 말로 설명할 수 없는 잔잔한 감동이 있습니다.

"편지 번역하시는 분들께는 정말 죄송해요. 문법이랑 맞춤법이 틀린 게 많아서 번역하기 힘드실 거예요."

요한 씨 어머니가 미안한 마음과 겸연쩍은 마음, 그리고 감사한 마음을 담아 환하게 웃습니다. 하지만 컴패션에서 어린이들과 후원자의 편지를 번역해주시는 자원봉사자들은 또 말합니다. 요한 씨의 편지를 보면 오히려 마음이 읽혀서 쉽게 번역이 된다고요.

편지 번역은 정확하게 번역하는 것도 일이지만, 후원자와 어린이의 마음까지 번역하는 것이 어렵습니다. 더군다나 문화도 다르고 연령대도 다릅니다. 어른들도 쓰기 힘들어하는 편지인데, 아이들 입장에서 잘 알지 못하는 후원자에게 편지를 쓰는 것은 더욱더 어려운 일입니다.

하지만 이 편지가 어린이들을 살립니다. 후원어린이들이 사는 지역에는 범죄와 매춘, 마약, 질병이 들끓습니다. 어린이는 매일 이 환경이 말하는 절망적인 메시지를 들으며 가난과 싸웁니다. 그러다 포기하고 싶은 순간, 희망을 품은 후원자의 편지가 어린이의 품으로 날아갑니다.

"수잔나, 너는 아주 소중해."

"레나토, 나는 너를 많이 생각한단다."

"레리옹가, 예수님은 너를 사랑하셔."

후원어린이들은 그들이 받은 모든 편지를 보물처럼 여기며 그것을 반복해서 읽고 다른 사람들과 공유합니다. 그러면서 가난에 시달려 포기하는 대신 자신을 믿어주고 힘을 주는 후원자의 편지에 힘입어 다시 희망을 선택하지요. 이런 선택들이 쌓이면서 어린이는 희망의 삶으로 들어가는 것입니다. 또한 편지를 주고받음으로써 어린이는 글을 더 잘 읽고 쓸 줄 알게 되고, 자신의 생각과 감정을 표현하는 방법을 배우기도 합니다.

유요한 씨의 어머니는 아들이 어릴 때부터 하나님 안에서 쓰임 받기를 소망했습니다. 그런데 지금 요한 씨가 하고 있는 일이 어머니가 기도하던 일입니다. 편지 쓰기를 통해 절망 속에 있던 아이들에게 웃음을 찾아주고 자신감을 불어주면서 자신의 삶의 목적도 찾았기 때문입니다.

2012년 후원자를 위한 감사예배가 있었습니다. 현지에서 어린이들이 자신의 꿈을 이야기하는 장면이 상영되었습니다.

"저는 선생님이 되고 싶어요."

"저는 유명한 가수가 될 거예요."

마지막으로 콜롬비아에 사는 '다비드'라는 어린이가 자신의 꿈을 이야기해주었습니다.

"저의 꿈은 제 후원자를 만나는 것이에요."

다비드가 깊은 애정을 담아 후원자를 만나고 싶다고 이야기할 때, 행사에 참석한 요한 씨와 어머니도 다비드의 후원자를 떠올리며 그는 참 행복하겠다고 부러워했습니다. 그런데 영상을 찍은 직원이 나중에 그 어린이의 후원자를 찾아보니 그가 바로 유요한 씨였습니다.

그는 매주 두 번씩 사무실에 와서 편지 접기 자원봉사를 합니다. 편지 작업실에는 유요한 씨가 삐뚤빼뚤 "한국컴패션 파이팅"이라고 쓴 종이가 붙어 있습니다.

직원의 휴대전화는 지금도 회의 시간에 종종 울립니다. "편지지를 보내 달라", "지금쯤 편지가 왔어야 하는데 왜 안 오느냐" 등의 질문이라고 합니다. 직원이 유요한 씨에게 바빠서 답장이 늦었다고, 미안하다고 말할라치면, "누나, 알아. 힘내. 누나, 사랑해"라고 천진난만한 답장이 돌아오기도 합니다.

가끔 그 직원의 휴대전화 문자 알림이 올 때면 저는 요한 씨로부터 온 것인가 하는 상상을 해봅니다. 후원어린이가 사는 나라에 무슨 일이 있음을 뉴스에서 봤거나, 편지가 궁금하다거나 아니면 그냥 안부인사일지도 모릅니다. 저도 "고맙다"라고 그 문자에 답하고 싶습니다.

지금 손에 있는 사탕 하나

유명 드라마작가인 문희정 씨와 과테말라에 갔을 때였습니다. 어찌나 이야기를 재미나게 하는지 과연 작가는 다르구나 하고 감탄했습니다. 그런데 그토록 명랑하던 분이 현지에서 어린이를 만나자 눈물을 뚝뚝 흘렸습니다. 자신이 준 사탕을 받고 웃는 아이들을 보면서도 눈물을 흘렸지요. 안 보인다 싶으면 구석에서 쭈그리고 앉아 방울방울 눈물을 쏟아내기 일쑤였습니다.

어린이들과 놀아주기 위해 풍선을 불고 간식을 챙기며 바삐 움직이고 있는데, 정오쯤 정글을 헤치고 한 가족이 나타났습니다. 비전트립에서 자신이 후원하고 있는 어린이를 만나려면 출국 전에 미리 요청을 해놓아야 합니다. 후원자가 있는 곳까지 어린이를 가족과 교사가 동행해 와야 하고 어린이 사정도 미리 알아봐야 하기 때문입니다. 당시 비전트립에는 어린이 만남을 신청한 사람이 아무도 없었습니다. 그런데도 이 부모는 아들의 후원자가 한국 사람이라면서 분명 그가 자신들을 찾아왔을 거라고 철석같이 믿고는 온 가족이 새벽부터 맨발로 수십 킬로미터 정글을 헤치고 왔다는 것입니다. 그날 하루 농사도 다 제치고 말입니다. 그들의 표정이 얼마나 설렘으로 상기되어 있는지는 누가 봐도 알 수 있었습니다.

우리는 어린이 만남을 요청하지 않았으니 난처했습니다. 그럼에도 그들은 까맣게 탄 빼쩍 마른 얼굴에 희망을 가득 담은 눈으로 우리 일행 한 사람, 한 사람을 쳐다보며 '저 사람일까' 살펴보는데 제가 다 안타깝고 미안할 지경이었지요. 그런데 그들이 "문", "문" 하는 것이 이상했습니다. 혹시나 해서 센터 직원이 그 아이의 후원자를 찾아봤더니 놀랍게도 후원자는 문희정 씨였습니다. 우리도 놀랐지만 남의 일이려니 하고 있던 당사자는 더욱 놀랐습니다.

사정을 알고 보니 그녀는 비전트립을 떠나기 전에 후원어린이를 한 명 늘렸는데 결연만 하고 어린이 사진을 받기 전이라 아이 얼굴을 몰랐던 것입니다. 이런 기적 같은 일이 또 있나 싶었습니다. 우리는 어쩔 줄 몰라 하는 문희정 씨를 그들 앞으로 떠밀었고, 그들은 손수 만들었다는 빨간 팔찌를 내밀었습니다. 온 가족이 연신 감사의 표현을 하자 그녀는 더욱 몸 둘 바를 몰라 했습니다. 예기치 못한 만남에다, 딱히 준비해온 선물도 없어서 그들 가족을 위해 기도해주려고 기도제목을 물었습니다.

"가족들을 위해 기도해드리고 싶습니다. 기도제목이 있나요?"

그러자 그들의 입에서 동시에 "스폰서"라는 말이 튀어나왔습니다.

"후원자님이요. 후원자님이 건강하고 그 가족들이 평안할 수 있도록요. 아침마다 우리는 '문'을 위해 기도하는 걸로 하루를 시작해요."

문희정 씨는 그 말을 듣자마자 두 손으로 얼굴을 가린 채 와락 울음을 터트리고 말았습니다. 그 가족이 떠난 뒤, 한쪽 구석에서 또다시 울고 있는 그녀를 찾았습니다. 얼떨결에 어린이 가족으로부터 팔찌를 받아든 그녀의 손에는 눈물 때문에 빨간 염료물감이 번졌습니다.

그녀는 제게 하소연했습니다.

"하나님께서 저에게 왜 이러실까요? 제가 무슨 자격으로 이런 감사를 받아야 하나요? 이렇게 가난하고 아픈 아이들을 만나니 제 삶이 부끄러워요. 더 부끄러운 게 뭔지 아세요, 저는 제 풍족한 삶을 포기할 수 없다는 거예요."

저도 그녀와 같은 질문을 한 적이 있었습니다.

'정말 어떻게 할지 모르겠습니다. 내 삶을 전부 포기하고 이 어린이들만 바라보며 살아야 할 것 같은데, 그렇게 하지 못해 부끄럽습니다.'

저도 그녀와 같은 마음이 되어 말해주었습니다.

"누가 다 주래요? 주고 싶은 만큼 주세요. 사탕 한 개라도요."

정말 아이들은 그녀가 주는 사탕 하나에 활짝 웃으며 좋아했습니다. 아이들은 받은 사탕을 톡 깨물어 친구와 나누어 먹기도 하고 손바닥에 묻은 사탕 부스러기를 핥으면서 행복해했습니다.

우리가 삶을 제대로 못 사는 것 같을 때, 예수님은 뭐라고 하실까요?

"너 왜 이렇게 사니? 내가 너를 얼마나 사랑하는데, 겨우 이렇게밖에 못 사니?"

예수님은 이렇게 말씀하실 것 같지 않습니다.

"나는 너를 알고 네 모습을 이해한다. 네가 이럴 수밖에 없다는 것을 안단다."

이러지 않으실까요? 그리고 나 자신에게 좌절하고 절망하는 우리를 향해 이렇게 말씀하지 않으실까요?

"괜찮아, 이제 시작하면 돼. 나를 통해 넌 다르게 살 수 있어."

하나님의 사랑은 우리에게 늘 큰 격려가 됩니다. 거기에는 누구도 예외가 없습니다.

신앙이 있다는 말은 삶에 대한 분명한 태도와 목적이 있다는 말과 같을 것입니다. 하나님께 나를 맡기고, 예수님이 나를 통해 뚜벅뚜벅 이 땅을 걸어가신다면, 그분의 사랑이 나타나는 것은 아주 자연스러운 일입니다. 하나님의 사랑이 흘러가는 통로가 된다는 것은 삶을 모조리 바꿀 만큼 큰 행복입니다. 내 옆에 있는 한 아이에게 당장 사탕 하나를 줄 수 있는 정도의 마음이라면, 하나님께서는 우리 안에서 아주 크게 일하실 것이라 확신합니다.

문희정 씨는 과테말라를 다녀간 이후 인도와 에콰도르의 아마존 지역, 페루의 안데스 산맥에 이어 아이티까지 꾸준히 현지 어린이들을 만나러 갔습니다. 그리고 이제는 아이들이 웃는 모습을 보고 전처럼 울지 않습니다. 물론 여전히 아이들의 환경은 눈물을 흘리게 하지만, 그 아이를 향한 하나님의 계획이 있음을 알기에, 또 그들과 함께하는 가족과 선생님, 후원자가 있음을 알기 때문에 눈물보다는 기대를 갖습니다. 그녀가 아이들을 만나러 가는 이유는, 그래서 다른 데 있지 않습니다.

"이번에 쓰고 있는 드라마를 마치면 또 어린이를 만나러 갈 거예요. 때가 되면 가지 못할 상황이 열 개는 더 생기겠지만 가야 할 이유는 단 하나예요. 그냥 … 아이들이 보고 싶어요."

한 어린이의 눈빛 속에서

크고 초롱초롱한 눈을 지닌 이은주 씨는 몇 년 동안 한결같이 열정적으로 활동하는 후원자입니다. 그녀에게 어디서 그런 에너지가 나오는지 물었더니 이런 대답이 돌아왔습니다.

"그냥 하나님이 마음 주시는 대로 따라갔더니 거기 어린이가 있었어요."

어릴 때부터 막연히 고아와 외롭게 사는 분들을 도와야겠다고 생각했던 이은주 씨는 프랑스 유학에서 마지막 논문을 제출하기 몇 달 전, 직접 선교지에 가서 섬기고 싶은 마음이 들었습니다. 졸업을 하느냐 마느냐 하는 중요한 시기였지만 3년 동안 서아프리카의 부르키나파소를 마음에 품고 있었기에 더는 미룰 수 없어 꼭 가기로 결심했습니다.

어떻게 선교지에 갈지 고민하던 중 담당 교수님과 이야기를 하게 되었고, 우려의 말을 하실 줄 알았던 교수님은 흔쾌히 허락해주실 뿐 아니라 세네갈인으로 부르키나파소에 대해 잘 알고 계셨습니다.

그녀는 교회의 선교팀에 합류했습니다. 어린이들을 대상으로 점심식사를 제공하고 인형극과 춤과 노래를 통해 하나님의 사랑을 전했습니다. 그녀는 음식 담당이었지만 때로 의료선교팀을 돕기도 했습니다. 그러다가 어린이들이 벽돌을 만들어 굽는 현장을 지나게 되었습니다.

마침 한 어린이와 눈이 마주쳤습니다. 이 어린이는 뙤약볕 속에서 벽돌을 찍으며 잔뜩 찌푸린 얼굴로 이은주 씨와 일행을 눈으로 좇았습니다. 그 아이가 계속 시야에 들어왔지만 그녀는 음식 담당이어서 달려가 마음껏 안아줄 수 없었습니다. 또한 단기선교에서 만난 아이와 지속적인 만남을 이어갈 수도 없었고, 무엇보다 이러한 어린이가 그곳에는 너무나도 많았습니다. 그때 그녀는 단순한 도움이 아닌, 어린이 양육의 소망을 가슴에 품게 되었습니다.

유학을 마치고 한국에 들어온 그녀는 우연히 교회에서 컴패션 후원 신청서를 보게 되었고, 어린이를 일대일로 양육하는 단체임을 알고 곧바로 후원을 시작했지요.

몇 년 후, 이은주 씨는 자신과 같은 컴패션 후원자들과 필리핀 현지를 다녀왔습니다. 이전 부르키나파소에서는 어린이들을 안아주기가 버거웠습니다. 함께해줄 수 없는 미안함, 책임질 수 없는 부담감, 너무 많은 어린이들이 힘들게 일하고 있다는 막막함에 눈물만 흘렸던 전과는 달랐습니다. 자신이 한국에 돌아와도 현지에서 선생님들과 교회가 어린이들을 헌신적으로 돌봐줄 것을 알고 있기 때문입니다.

이은주 씨는 서울에서 대전으로 일터를 옮기며 하나님의 새로운 부르심을 받았습니다. 하나님 안에서 어린이를 살리는 일로 사람들을 만나고 네트워크를 형성하는 비전을 품게 된 것이죠. 사람들과 정기적으로 모여 예배하고 어린이를 도울 수 있도록 서로 독려하면 좋겠다고 기도했습니다. 그러더니 3년 만에 대전에서 후원자 모임을 만들었다는 소식이 들려왔습니다.

"제가 출석하는 교회에서 정기적으로 활동할 수 있도록 공간을 내주셨어요. 그리고 이 지역에서 경제적으로 어려워 학원에 가지 못하는 학생들을 위한 모임을 만들 작정이에요."

이렇게 말하는 그녀의 눈이 더 초롱초롱 빛났습니다.

이은주 씨가 열심히 활동하고 있는 컴패션 모임이 따로 있습니다. 어린이들의 실상을 알리고 어린이가 새롭게 후원자를 만나는 일에 앞장서는 후원자들로 구성된 VOC(Voice of Compassion) 모임입니다. '컴패션의 목소리'라고 이름 지어진 것이 특별하지요? 성경말씀 "너는 말 못하는 자와 모든 고독한 자의 송사를 위하여 입을 열지니라 너는 입을 열어 공의로 재판하여 곤고한 자와 궁핍한 자를 신원할지니라"(잠언 31장 8,9절)에 해당하는 바로 그 목소리입니다.

생명을 살리는 일이라고 하면 비장한 장면을 떠올리는 사람들이 많습니다. 애통한 마음으로 눈물의 기도를 드리는 모습만 생각하지요. 그러나 VOC 모임은 행복하고 활력이 넘칩니다. 물론 어린이들의 상황을 알기에 눈물이 없을 수는 없습니다. 하지만 뜻이 맞고 마음이 같은 사람들이 함께하는 이 모임에는 "하하, 호호" 웃음소리가 끊이지 않습니다. 어린이를 후원하는 것 외에는 공통점이 없는 분들이 매주 열심히 모입니다. 예배도 드리고 어떻게 하면 서로의 활동에 힘이 되어줄 수 있는지 구상도 합니다. 또한 때마다 헌신적으로 참석해주시는 이분들의 다양한 재능과 전문성으로 컴패션의 각종 행사가 얼마나 풍성해지는지 모릅니다. 저는 이분들이 진정한 한국컴패션의 대표들이라고 생각합니다.

엄마와 같은 말로 이야기할래요

"엄마, 고려대학교에 가고 싶어요."

까만 얼굴의 '이사야 마시가'가 천진난만한 얼굴로 웃으며 이야기했습니다. 후원자인 문애란 씨는 물론 나중에 이를 전해들은 우리 모두 난감한 표정을 지었습니다.

'꿈은 좋은데…. 아무리 공부를 잘한다지만 한국 애들도 들어가기 힘든 대학을 우간다 아이가 갈 수 있을까?'

우간다에서 온 이사야는 한국컴패션이 배출한 첫 번째 대학 졸업생입니다. 그는 우간다 컴패션 학생 중에서도 가장 열악한 국경 지역 출신으로 우간다에서 제일로 꼽히는 우간다크리스천대학교를 다니며 재학 중 학생회장을 할 정도로 공부도 잘하고 리더십도 뛰어났습니다.

2009년 말 후원자 모임 행사를 준비하면서 기획자들(재능기부 활동을 하던 후원자그룹인 컴패션밴드)은 실제 사례를 바탕으로 뮤지컬을 만들고 싶어했습니다. 여러 어린이와 학생들의 자료를 찾던 중 문애란 씨와 그녀가 후원하는 이사야의 이야기가 당첨되었습니다.

여러 준비 끝에 드디어 공연이 시작되었습니다. 당시 교통사고로 한쪽 다리에 깁스를 하고 있던 문애란 씨는 이사야 이야기가 나오자 내심 놀라는 눈치였지요. 특히 이사야의 생모가 돌아가신 후 후원자인 그녀가 어머니 역할을 해주는 내용이 전개되자 그녀의 눈가가 촉촉해져 왔습니다. 공연은 극중 이사야가 문애란 씨의 따뜻한 편지를 읽으며 어머니의 정(情)을 느끼는 것으로 절정을 이루었습니다.

이렇게 마무리 되는가 했더니, 공연 말미에 실제 이사야가 무대 위로 뛰어나왔습니다. 파란색 졸업식 가운에 학사모를 쓴 이사야가 실제로 등장하자 후원자들이 깜짝 놀라며 일제히 환호성을 질렀고, 문애란 씨는 눈물을 터트렸지요. 공연이 있기 전, 우리는 깜짝 이벤트를 위해 문애란 씨에게 비밀로 하고 이사야를 한국에 들어오게 했었습니다.

이사야는 무대 위로 올라온 두 번째 어머니인 문애란 씨에게 자기가 우간다에서부터 가져온 학사모를 씌워주었습니다. 이사야의 다정다감한 표정에는 한국의 어느 아들과 마찬가지로 어머니를 향한 각별한 정이 듬뿍 담겨 있었습니다.

행사를 마친 후 문애란 씨는 이사야를 데리고 한국의 이곳저곳을 보여주었습니다. 그런데 이사야가 한국의 고려대학교를 보더니 이 대학에 오고 싶다고 말했습니다. 당시 우간다에는 우리나라 대사관도 없던 때라 그의 희망은 이루어지기 힘들어 보였습니다. 문애란 씨는 아이의 꿈을 듣고 여기저기 알아보기 시작했습니다. 그중 국립국제교육원에서 서류를 넣어보라고 했습니다. 처음 있는 사례라 결과는 장담할 수 없다고 했지요. 그러나 이사야는 까다로운 서류심사를 통과하여 결국 고려대학교 국제행정과정 대학원에 입학하게 되었습니다.

컴패션 출신 졸업생 중에 다른 나라로 유학을 가는 경우는 종종 있었지만 한국으로 오는 경우는 없었던 터라 저는 그 이유가 궁금했지요.

"이사야, 왜 한국으로 오고 싶었어?"

이사야가 또렷한 한국말로 대답했습니다.

"엄마하고 같은 언어로 이야기하고 싶었어요."

"엄마"라는 말이 어찌나 친근하게 들리던지요. 그리고 이사야는 한국에 오고 싶은 또 다른 이유를 말해주었습니다.

"한국이 발전한 과정을 배우고 싶어요. 한국전쟁 때는 우간다로부터 도움을 받았던 이 나라가 이토록 놀랍게 발전한 것을 보고 희망이 생겨요. 우간다에도 이런 일이 일어나도록 하고 싶어요."

작년 가을 이사야는 오랫동안 사귀어온 에스더라는 고향 아가씨와 결혼식을 올렸습니다. 우리에게 보내온 사진에는, 까만 얼굴의 이사야와 에스더가 결혼식 예복을 입고 행복하게 웃는 가운데 색동의 고운 한복을 입은 문애란 씨도 함께 있었습니다. 이들의 모습에서 한 가족의 따뜻한 정이 흐르고 있음을 느낄 수 있었습니다.

결혼식을 마치고 한국에 돌아온 이사야와 신부 에스더는 고려대학교에서 신혼살림을 시작했고 예쁜 아이도 가지게 되었습니다.

이사야는 컴패션 사무실에 들러 자원봉사도 하고 예배도 함께 드립니다. 또한 하나님 사랑의 증인이 필요한 곳에는 어떤 모습도 마다하지 않고 달려가지요. 우리는 그런 이사야에게 "너는 우간다 대통령이 될 거야"라고 말해줍니다. 우리가 대통령궁에 찾아가면 밥 한 끼 사줘야 한다고 농담도 하면서요. 이것은 이사야의 진짜 꿈이기도 합니다. 이사야의 꿈이 꼭 이루어지기를 기도해봅니다.

일주일에 다섯 끼밖에 먹을 수 없는 극심한 가난 속에서 아홉 명의 동생을 돌보며 자란 이사야는 후원자의 나라 한국에 와서 자신의 가능성을 마음껏 발휘하며 사랑받고 있습니다. 그를 보며 보람과 감동도 느끼지만, 하나님이 한 개인에게 가져다주신 은혜와 기적 속에 하나님의 신실하심을 분명히 보고 느낄 수 있었습니다.

로봇다리가 닮았어요

넬디야, 안녕! 나는 한국에 사는 열세 살 김세진이라고 해.

넬디와 비슷하게 형도 다리가 없어.

또 오른쪽 손은 손가락이 두 개밖에 없어.

그런데 형은 수영 국가대표 선수다! 놀랍지?

형은 두 다리가 없지만 어렸을 때 로봇다리같이 생긴 다리를 선물 받았어.

형은 그 다리로 5킬로미터, 10킬로미터 마라톤을 완주했다!

3,870미터의 미국에 있는 로키산맥도 등정했어.

그렇지만 형은 계속해서 또 다른 도전을 할 거야.

넬디도 형아와 비슷하게 한쪽 다리가 없지? 일 년 동안 많이 힘들었겠다.

그래서 형이 넬디에게 줄 깜짝 선물을 준비했어. 그게 뭔 줄 아니?

김세진 군이 열세 살 때 자신의 후원어린이 넬디에게 쓴 첫 번째 편지입니다. 과연 세진 군이 넬디를 위해 준비한 깜짝 선물은 무엇이었을까요?

세진 군은 어릴 때 두 다리가 없이 태어나 보육원에서 자랐습니다. 오른손은 손가락이 두 개밖에 없었습니다. 자원봉사로 어린이를 돌보던 어머니 양정숙 씨는 손발이 불편한 세진이를 보았지만, 불편한 다리와 손가락을 본 것이 아니었습니다. 자신을 따라 움직이며 웃음 짓는 아이의 눈동자를 보았지요. 그렇게 세진 군을 입양했고, 사랑하는 아들이 걸을 수 있도록 모든 방법을 찾았습니다. 수술비를 마련하기 위해 정든 집을 팔아야 했지만 엄마와 누나는 세진이가 일어나서 걷는 것과 집을 맞바꾸는 데 조금의 망설임도 없었습니다.

로봇다리(의족)로 유명한 김세진 군이 지인의 소개로 2009년 컴패션 행사에 오게 되었을 때는 이미 그의 감동적인 이야기가 방송되어 많은 사람들에게 알려져 있었고, 세계장애인 수영선수권대회 3관왕 출신으로 교과서에도 나오는 유명인이었습니다.

세진 군은 행사장 곳곳에 걸려 있는 결연을 기다리고 있는 어린이 사진을 보더니 끝내 결연할 어린이를 선택하지 못하고 컴패션에 어린이를 선택해달라고 했습니다. 그리고 한 가지 조건을 내걸었습니다.

"몸이 아픈 아이였으면 좋겠어요."

요청대로 결연할 어린이를 찾아 세진 군에게 자료를 전달했습니다. 설레는 마음으로 동행한 저희 직원과 지인들이 어린이 자료를 뽑았습니다. 그런데 봉투에서 어린이 사진을 꺼내든 순간 모두가 깜짝 놀랐습니다. 사진 속 주인공은 인도네시아 와인가푸에 사는 '넬디'라는 소년이었는데, 마치 짠 것처럼 목발을 한 넬디의 한쪽 다리가 없었습니다.

이전에 세진 군에게는 세 가지 기도제목이 있었습니다. 하나는 오른손에 힘이 조금이라도 생겨 혼자 요구르트를 잡는 것이었는데, 수술을 통해 이루어졌습니다.

"이럴 줄 알았으면 요구르트 말고 더 무거운 것을 집을 수 있게 해달라고 기도할 걸 그랬어요."

또 하나의 기도제목은 자신처럼 어려운 사람들과 함께하는 것이었습니다. 세진 군과 가족들은 국내 보육원에 있는 어린이들을 결연해 돕고 있으니 이 기도도 이미 이루어진 것이겠지요.

세진 군은 키가 커질 때마다 로봇다리를 새 것으로 바꿔야 하는데, 작아진 다리를 물려줄 동생이 있었으면 좋겠다는 것이 그의 세 번째 소원이었습니다. 넬디의 사진을 보면서 세 번째 기도제목이 이루어졌음을 느낄 수 있었습니다.

우리로서도 깜짝 놀랄 수밖에 없었는데, 어린이 자료를 찾을 때 세진 군이 요청한 대로 몸이 아픈 아이를 찾았지 다리가 없거나 불편한 아이를 찾은 것은 아니었기 때문입니다. 하나님이 세진 군의 기도에 응답해주신 것이 분명했습니다. 훗날 면밀한 검사 끝에 현지 의사는 넬디가 세진 군의 로봇다리를 물려받을 수 있다고 최종 판단을 내렸습니다.

넬디는 학교를 마치고 돌아오다 길에서 오토바이 사고를 당했습니다. 병원에 갔지만 돈이 없어 부러진 다리를 수술할 수가 없었지요. 마을 주술사의 말대로 2주 동안 대나무잎으로 상처 부위를 감싸고 있다가 다리가 썩어 들어가기 시작했고, 뒤늦게 다시 병원에 갔지만 결국 한쪽 다리를 잘라낼 수밖에 없었습니다. 이후 일 년 동안 넬디는 누나의 등에 업혀 다녔습니다. 누나에게 미안하기도 하고, 친구들의 놀림에 시달리는 게 힘들었던 넬디는 자기를 지켜줄 힘센 형이 생기게 해달라고 기도했습니다.

후원자가 된 세진 군이 넬디를 만나러 인도네시아로 곧장 날아갔습니다. 넬디는 마침내 자신의 기도가 이루어진 줄 알고 세진 군을 맞았습니다. 그런데 막상 만나보니 후원자 형이 자기보다 더 몸이 불편했으니 처음에는 놀라고 실망했을 것입니다. 그러나 두 사람은 만난 지 하루 만에 정이 푹 들었습니다. 형과 함께 신나게 수영을 하고 난 넬디가 말했습니다.

"저는 커서 목사님이 되고 싶었는데 세진이 형을 만나고 나서는 수영선수가 되고 싶어요."

단 하루뿐이었지만 둘은 함께 연날리기, 팽이치기 등을 하면서 행복한 추억을 쌓았습니다.

헤어지는 날, 손등으로 눈물을 훔치며 형과 다시 만나고 싶다는 넬디에게 세진 군은 다음에 꼭 올 것이라고 약속했습니다. 런던올림픽에서 딴 금메달을 목에 걸고 말입니다.

그로부터 4년 뒤 세진 군은 어린 나이에 대학생이 되었습니다. 수영 연습과 대학생이 되기 위해 공부하는 동안 넬디에게서 온 편지가 세진이에게는 큰 힘이 되었습니다.

"이번 수영시합에서 금메달 7개를 땄어. 넬디가 형을 위해 기도해주어서 그런가봐."

"형 편지를 받아서 정말 행복해요. 형! 우리 언제쯤 만나서 함께 놀 수 있어요?"

"형은 시합 준비로 요즘 많이 힘들어. 걱정도 되지만 넬디가 보내준 편지를 받으면 너무 행복하고 좋아."

세진 군은 새로운 목표를 세웠습니다. 이전에는 수영에 푹 빠져 공부는 조금 멀리 했지만, 넬디를 만난 후 공부에 대한 생각도 바뀌었습니다.

넬디도 변했습니다. 더는 철부지 개구쟁이가 아니었습니다. 공부도 잘하고 어른스러워져서 주변 사람들이나 선생님으로부터 칭찬이 자자한 아이가 되었습니다. 자신의 꿈을 생각하게 되었고 그 꿈을 향해 나아가는 진지한 모습이 생겼습니다. 무엇보다 세진 군이 주고 간 로봇다리로 매일 아침 걸어서 학교에 갈 수 있게 되었습니다. 넬디는 자신의 변화에 대해 이렇게 고백했습니다.

"세진 형을 만나지 않았다면 저는 잠만 잤을 거예요. 그런데 형을 만나고 나서 꿈이 생겼어요."

2013년 3월, 둘은 다시 만났습니다. 세진 군은 어린 시절 엄마가 자신에게 불러주었던 노래 〈당신은 사랑받기 위해 태어난 사람〉을 넬디에게 불러주며 오랜만에 만난 동생을 축복했습니다.

그런데 세진 군의 마음 한 편에는 넬디에 대한 미안함이 있었습니다. 런던올림픽에서 금메달을 따 가지고 오겠다는 약속을 지키지 못했기 때문입니다. 세진이는 이것을 어떻게 넬디에게 전할지 어머니와 상의했습니다. 통역을 통해 세진 군이 미안함을 가득 담아 이야기하자 넬디가 세진에게 말했습니다.

"괜찮아."

또렷한 한국말이었습니다. 세진 군과 동행한 어머니는 여행 중 종종 서로에게 "괜찮아"라고 말하곤 했습니다. 자잘한 실수나 잘못 등이 있을 때 상대를 격려하기 위해 사랑과 위로의 마음을 담아 주고받았던 말이 넬디의 귀에 좋게 들렸나 봅니다.

넬디가 "괜찮아"라고 말하는 순간, 세진 군의 마음이 녹아 내렸습니다. 정말 다 괜찮아졌습니다. 넬디에게 사랑을 전해주고 응원해주는 건 늘 자신의 역할이라고 생각했는데 자신 역시 넬디로부터 큰 응원과 사랑을 받고 있다는 생각에 마음이 벅차올랐습니다.

두 사람은 서로를 보며 새로운 꿈을 꾸게 되었습니다. 넬디는 아픈 사람을 고쳐주는 의사가 되고, 세진 군은 장애인 선수들을 돕는 올림픽 위

원장이 되기로요. 사랑의 관계가 세상을 더욱 크고 넓게 볼 수 있게 해 준 것입니다.

이번에도 헤어짐은 쉽지 않았습니다. 특히 넬디가 많이 울었습니다. 그러자 늠름한 형아가 말했습니다.

"넬디, 우린 또 만날 거야. 사실 4년 전에 너를 처음 만나고 다시 오겠다고 했을 때 약속은 했지만 자신이 없었어. 하지만 이렇게 왔잖아. 이젠 자신이 있어."

가족은 서로 닮았습니다. 하나님이 맺어주신 가족, 세진 군과 넬디도 서로 닮았습니다. 외모가 닮았다는 이야기가 아닙니다. 서로가 만나 사랑으로 성장해가는 모습이 닮았습니다.

최근 넬디는 세진 군이 보낸 후원금으로 작지만 처음으로 자기 방을 가지게 되었습니다. 넬디가 그 작은 방에서 자신만의 커다란 꿈을 이루어가는 모습을 상상하는 건, 몹시 감사한 일입니다.

후원자님의 편지를 읽으며

후원자님이 국가대표 수영선수라는 사실을 알게 되었어요.

이것은 하나님이 주신 기적이에요.

저는 한쪽 다리가 없어요.

하지만 예수님이 계시니까 괜찮아요.

세진 군이 보낸 첫 번째 편지에 대한 넬디의 답장입니다. 하나님이 계셔서 괜찮은 두 사람은 이제 서로가 생겨 더욱 괜찮아졌습니다. 누구보다 치열하게 살아온 노력이 누구에게 보여주기 위해서가 아니라, 서로 사랑하기 때문임을 알게 되었고 하나님께서는 늘 그 위치, 그 모습 그대로 "괜찮다"라고 말하고 계심을 알고 있기 때문입니다.

진짜 부자, 구두닦이 목사님

2009년 정초부터 한 작은 개척교회 목사님의 블로그에 눈에 띄는 제목의 글이 올라와 전 직원이 돌려보는 일이 있었습니다.

"내일부터 구두닦이가 되겠습니다!"

2년 전 교회 개척 초기부터 선교하는 마음으로 부르키나파소의 8세 여자 어린이와 에콰도르의 10세 남자 어린이를 매월 후원했습니다. 그러던 중 한국컴패션 후원자 행사에 참석했다가 풍선 속에 들어 있는 새로운 5명의 아이 사진을 받게 되었습니다. 추첨해서 선물을 주는 줄 알고 양껏 받은 것이 탈이었습니다.

'개척교회 형편으로는 현재 두 명의 아이도 버거운데 어린이 사진을 모른 척하고 쓰레기통에 버릴까?'라는 생각도 했지만 기도하는 가운데 주님께 서는 계속 이 아이들을 도우라고 말씀하셨습니다. 그동안 형편이 어려워 쌀이 떨어지고 신문 구독도 중지하고 자식들 먹던 우유도 끊었지만 주님 의 은혜로 한번도 미루지 않고 2년 동안 아이들을 후원해왔습니다. 그러 나 5명의 아이들을 더 후원한다는 것은 불가능해보였습니다. "형편과 처 지를 잘 아시는 주님! 무슨 수로 5명의 아이들을 더 후원하라고 하십니 까?"라고 반문해보았습니다

'신문 배달을 해볼까?'

'우유 배달을 해볼까?'

'스티커 붙이는 알바를 해볼까?'

'폐지 줍기를 해볼까?'

하지만 매일 새벽기도를 인도해야 하고 각종 세미나에 참석하는 입장에 서 그것도 생각처럼 쉬운 일이 아니었습니다. 최근에 술과 담배를 끊은 성도님께 담뱃값을 물어봤더니 한 갑에 2,500원이라고 합니다. 예배 후 광고 시간에 하루에 한 갑을 연기로 날려버리는 데 드는 돈이 한 달이면 75,000원인데, 건강 잃고 돈 날리고 하니 그 돈으로 2명의 어린이를 후 원하자고 해도 누구 하나 선뜻 나서는 성도가 없습니다. 성도님들이 거의 초신자들이라 밀어붙일 수도 없고 도무지 답이 나오지 않습니다. 그런데 오늘 먼지가 뽀얗게 앉은 더러워진 구두를 닦던 중 갑자기 주님께서 지혜

를 주셨습니다.

"너는 군대 있을 때 고참들 구두를 잘 닦았던 실력이 있잖니?"

작은 아이에게 물어보았습니다.

"애야! 아빠가 내일부터 교회 계단 앞에서 구두를 닦으려고 하는데 넌 어떻게 생각하냐?"

아이의 표정이 '아니올시다'라고 말합니다. 물어본 제가 잘못입니다.

불교 신자라며 자신은 교회에 나오지 않고 다른 사람들을 우리 교회로 전도하는 1층 부동산 사장님에게도 손님을 좀 보내달라고 부탁해놓았고, 2층 당구장에도 1층 현관 입구에 구두 닦을 자리에 대해 양해를 얻었습니다. 내일은 1층 식당에도 손님을 보내달라고 할 참입니다. 당장 구두통을 만들고 집에서 사용하던 구두약과 융으로 된 헝겊만 있으면 준비 끝입니다. 밑천도 안 드는 주님 사업이라고 생각하니 힘이 저절로 용솟음칩니다. 계단을 한숨에 뛰어 올라와서 기도했습니다.

"주님! 저 내일부터 구두닦이 하기로 했습니다! 결단하게 해주셔서 감사합니다!"

글을 올린 김정하 목사님 이야기에 감동을 받은 한 직원이 성남에 다녀왔습니다. 마침 교회 앞에 도착했을 때 목사님은 환하게 웃는 얼굴로 한 어르신의 구두를 닦고 있었는데, 능숙한 손놀림으로 구두에 광을 내시는 모습이 한두 번 해본 솜씨가 아닌 것 같았습니다.

신문에 나온 차인표 신애라 부부의 기사를 보고 컴패션을 알게 된 목사님은 교회 강대상에 놓였다가 버려지는 꽃 값을 아껴서 처음 두 아이를 후원했다고 합니다. 행사장에서 5개의 풍선이 선물이 아니라는 사회자의 말에 실망도 했지만, 이 말을 들은 사람들이 바로 풍선을 던져버리는 것을 보니 마음이 아팠습니다. 그리고 천 개의 풍선에 한 명도 같은 아이가 없다는 말에 사진을 가슴에 품고 집에 돌아갔습니다.

구두를 닦으며 어린이를 후원하면서 생각보다 손님이 없어서 힘들기도 하지만, 좋은 일 한다며 2천 원 구두 값에 천 원을 더 보태 3천 원을 주고 가시는 분, 남편의 구두 두 켤레를 가져오셔서 5천 원을 주고 가시는 분, 블로그 글을 읽고 어린이를 위해 써달라며 통장으로 돈을 보내주시는 분들이 계셔서 격려를 받고 힘을 얻는다고 하십니다.

한편으로는 성남에도 도움이 필요한 사람이 많은데 왜 해외에 있는 아이들을 돕냐는 질문도 많았다고 합니다. 목사님은 큰 소리로 웃으며 그 질문에 이렇게 대답하십니다.

"옛날 한국 어린이들이 도움을 받았던 것처럼 우리도 다른 나라 아이들의 이웃이 되어 온 세계가 잘 살고 주님을 아는 세계가 되었으면 좋겠습니다."

목사님의 꿈은 많은 사람들이 하나님의 사랑을 알게 되는 것과 20년 후, 30년 후에 후원하는 이 어린이들의 삶이 열매를 맺고 변화되는 것이었습니다.

"가진 것이 많아서 남을 돕는 것이 아니고, 가진 것이 없을 때 돕는 것이 진정 돕는 것이지요."

목사님은 평생 어렵게 생활해왔습니다. 어릴 때부터 온갖 허드렛일을 했고 어렵사리 신학을 공부한 후, 전도사로 경기도 성남에 샬롬교회를 개척했습니다. 이런 어려움 속에서 목사님이 깨달은 하나님의 부르심이 있었습니다. '가난을 경험했기에 가난한 자와 과부, 고아의 심정을 누구보다 잘 아는 네가 그들과 함께 아파하며 도우라'는 말씀이셨지요. 이 부르심이 목사님의 삶을 이끌어갔습니다.

구두를 닦으면서도 부끄러워하지 않고 오히려 기뻐하는 목사님의 이야기가 오랫동안 우리를 잔잔한 감동으로 이끌어간 지 2년이 다 되었을 때였습니다.

사모님으로부터 한 통의 전화가 걸려왔습니다. 형편이 어려워져 후원금 내기가 어려울 것 같다는 내용과 함께 목사님이 루게릭병에 걸렸다는 전화였습니다.

우리는 당장 목사님께 달려갔습니다. 변함이 없는 목사님의 웃음과 달리, 불편해진 걸음걸이와 어눌해진 말투가 눈에 들어왔습니다. 말문이 막힌 우리에게 목사님은 오히려 더 환하게 웃어주었습니다. 그리고 자신의 루게릭병을 통해 많은 사람들이 하나님을 만나게 되었다고 기뻐했습니다. 병원에 갈 때마다 하나님이 얼마나 우리를 사랑하시는지 전할 수 있어서 좋다며 말입니다. 루게릭병에 걸렸는데도 이렇게 천사처럼 웃을 수 있다면 그 하나님이 어떤 분인지 궁금하지 않을 수 없을 것 같았습니다.

"내가 죽고 수많은 사람들이 산다면, 저는 열 번이라도 더 죽을 수 있습니다."

목사님의 이 고백이 전 세계 컴패션을 울렸습니다. 우리는 목사님의 영상을 들고 전 세계를 다녔습니다. 목사님이 "대통령이 되어라, 미스 콜롬비아가 되어라, 장군이 되어라"라고 기도하던 일곱 명의 어린이들을 만나러 케냐에도 가고, 콜롬비아에도 갔습니다. 어린이들에게 차마 목사님이 현대 의학으로는 치료가 불가능한 병에 걸렸다는 사정을 말하지는 못했습니다. 천진난만한 어린이들은 멀뚱멀뚱 영상을 보며 고개를 끄덕였습니다.

하지만 현지 직원들과 선생님, 청년들에게는 사실을 말했습니다. 어릴 때 가난 속에서 후원자를 만나 후원을 받고 대학에 갔던 청년들이 펑펑 울었습니다.

"저는 후원자 분들이 다 부유할 줄 알았어요."

그들은 막연히 후원자는 여유가 많은 사람일 것이라고 생각했나 봅니다. 이제야 자신이 어떤 헌신과 희생 속에 후원을 받는지 깨닫게 되었습니다. 에콰도르 과야킬 슬럼가에서 목숨 걸고 어린이센터를 하시던 목사님도 영상을 보고 첫 마음이 회복되었다며 어린아이처럼 엉엉

소리 내어 울었습니다.

국제컴패션의 콘퍼런스에서도 영상을 보여주었습니다. 후원국의 많은 직원들이 서로를 보며 "당신의 구두닦이통은 어디 있느냐"고 눈물을 닦으며 물었습니다. 정말 많은 사람들이 목사님을 통해 진짜 사랑이 어떻게 전해져야 하는지 다시금 생각해보게 되었습니다.

그해부터 매년 크리스마스를 우리는 목사님과 함께 보내고 있습니다. 한번은 저희 가족들과 컴패션밴드, 멀리 홍성에서 소식을 듣고 온 강상규 씨 등이 목사님을 위해 헌금을 모았습니다. 무려 천만 원이 넘는 금액이 걷혔지요. 그런데 목사님이 이 헌금을 바로 다음날 돌려주셨습니다. 그 돈을 들고 당장 교회가 있는 성남으로 달려갔습니다.

"목사님 쓰시라고 드린 돈이 아닙니다. 자녀들을 보세요. 좋은 옷에, 맛있는 거 누리고 싶지 않겠어요?"

솔직히 그랬습니다. 부모님이야 하나님 사랑으로 살겠다고 결단하고 평생 가난하게 사셨지만 자녀들은 무슨 죄입니까. 오래가지 않겠지만 잠깐이라도 아이들이 편안히 누리면 좋고, 아이가 대학도 가야 하니 돈을 받으시라고 강권했습니다. 하지만 옆에서 듣고 있던 사모님이 하하하 웃으시더니 말씀하셨습니다.

"그럼 더욱더 그 돈을 컴패션에 내놓아야지요. 이건 우리 아이들이 결정한 거예요."

할 말을 잃었습니다. 한창 멋 부리고 친구들하고 놀러 다니고 싶을 나이에 어떻게 이런 결정을 할 수 있었을까요. 여태껏 고생한 걸 생각하면 아버지와 어머니께 투정부리고 원망도 하고 싶었을 텐데요. 자녀들의 결정이라는 말에 그 헌금은 고스란히 현지 어린이들을 위해 사용되었습니다.

목사님 가정이 후원하던 어린이들도 후원을 끊지 않고 계속 한 가족으로 남게 되었습니다. 구두를 닦던 단골손님들이 후원을 지원하거나 병원에서 후원금을 전해주었기 때문입니다.

"나의 작은 기도가 응답이 되고… 하나님의 사랑이 번져 나가기를… 마음이 너무 뿌듯합니다."

더 어눌해진 목사님의 말은 사모님을 통하지 않고는 알아들을 수가 없었습니다. 사모님이 세수를 시켜줘야 세수할 수 있고, 이를 닦아줘야 닦을 수 있게 된 목사님.

"남편이 혼자 세수할 수 있게 해주세요, 혼자 이를 닦을 수 있게 해주세요."

사모님의 이런 기도는 평범한 사람들은 절대 하지 않는 것입니다.

우리는 보다 큰 것, 보다 성과가 있는 것, 보다 많은 것을 기도합니다.

그런데 작년 크리스마스 때 만난 목사님은 그동안 하나님께 올려드렸던 기도를 '아내에 대한 고마움'이라는 22가지의 감사 제목으로 우리에게 나누어주었습니다.

"루게릭 방언을 통역해주니 고맙습니다."

"생선 가시를 발라주고 혀에 붙은 음식을 씹을 수 있도록 밀어주니 고맙습니다."

"밤에 자다가 모기를 잡아주고 불러주는 글을 대신 써주니 고맙습니다."

하나 하나의 감사 제목을 통해 사모님을 향한 목사님의 마음을 느낄 수 있었습니다.

사람을 보내주시는 하나님을 생각합니다. 김정하 목사님 가정은 가진 것과 상관없이 생명 살리는 일에 동참하게 되어 하나님 사랑을 경험하게 되었다고 오히려 기뻐하는 분들입니다. 사람의 부함의 기준을 뛰어넘는 한 가정이 그렇게 저희에게 찾아왔습니다. 그들은 어마어마한 하나님 사랑을 가슴에 품은 분들이었습니다. 이름도 없이 빛도 없이 한 어린이의 손을 잡고 눈물로 기도하는 이런 후원자님들로 인해 오늘도 우리는 기쁨으로 이 순간을 살 수 있는 것 같습니다.

사랑하는 내 딸 준,

아빠는 준을 후원하고 있다는 게 주님께 참 감사해.

너에게 아름다운 심성을 주신 것 또한 감사드린단다.

항상 어머니의 건강을 걱정하고 여동생을 신경 쓰잖니.

아빠가 기도할 때 이 두 가지를 항상 기억하마.

우리 가족은 큰 변화를 맞고 있어.

큰 아들 프란시스가 대학교에 진학하기 위해 미국에 가게 되었거든.

프란시스는 조금 겁을 먹고 있지만 아빠는 아들이 잘할 거라고 믿는단다.

프란시스를 위해 기도해 주겠니?

이번 여름은 우리 가족들에게 바쁜 시간이 될 것 같아.

엄마와 둘째 아들 라이언, 셋째 아들 해리슨은 학업에 집중할 거란다.

올해 나에게는 여름방학이 없구나.

그렇지만 내 딸 준을 생각하며 항상 즐거운 마음으로 지낼게.

이번 여름도 행복할 것 같구나.

하나님의 축복이 함께하길 바란다.

2009년 6월 3일
아빠가.

사랑하는 아빠,

편지를 보내주시고 엄마를 위해 기도해주셔서 고맙습니다.

그거 아세요? 아빠의 편지는 제가 공부하는 데 큰 힘이 되어요.

엄마는 계속 대학에서 공부를 하고 있어요.

그리고 저는 어서 엄마를 돕기 위해 최선을 다해 공부하고 있답니다.

지금은 우리 가족 모두 건강이 회복되었습니다.

저는 지난 8월 둘째 주에 약간의 열이 있었지만 곧 괜찮아졌어요.

비록 경제적으로 넉넉지 않은 형편이지만,

엄마와 저 모두 공부를 잘 마칠 수 있도록 아빠가 기도해주셨으면 좋겠어요.

그리고 학교를 오고 갈 때 그 어떤 위험도 없도록 기도해주세요.

한국에도 어려운 일이 있나요?

2009년 8월 22일
사랑을 담아, 준 마리 올림.

사랑하는 나의 딸 준 마리,

컴패션 어린이센터에서 좋은 시간을 보낸다니 정말 기쁘구나.

학교생활은 어떠니?

네 고등학교 졸업식에 가고 싶단다.

우리가 처음 만났을 때

아빠가 졸업식에 참석하고 싶다는 이야기를 했던 것 기억하니?

우리 가족은 주님 안에서 잘 지내고 있다.

아빠는 며칠 전에 스리랑카 출장을 마치고 돌아왔어.

그곳에서 수많은 어머니들과 아기들을 만났어.

아빠에겐 정말 설레는 순간이었단다.

내일은 지진 피해자들을 만나기 위해 아이티로 떠날 거야.

긴 출장이 될 것 같다.

아빠와 아이티의 어린이들을 위해 기도해주겠니?

아빠도 준과 준 어머니의 일자리를 위해 기도하마.

주님 안에서 계속 즐겁게 지내고, 공부도 열심히 했으면 좋겠구나.

하나님의 축복이 함께하길 바란다.

2010년 4월 3일
아빠가.

사랑하는 아빠,

아빠! 잘 지내시죠? 항상 격려해주셔서 감사해요.

저는 새로운 친구들을 만나서 얼마나 기쁜지 몰라요.

아빠를 곧 볼 수 있다는 기대는 항상 간직하고 있어요.

저는 아빠가 나의 '한국 아빠'라는 사실이 너무 기뻐요.

아빠는 누구에게나 따뜻하시고 좋으신 분이니까요.

아빠, 갑자기 궁금한 게 있어요.

지진으로 피해 입은 사람들을 보았을 때,

그리고 그들을 도울 때 어떤 느낌이셨나요?

요즘 저희 엄마는 일을 그만두셨답니다.

저희 아침을 챙겨줄 사람이 없어서요.

아빠, 저 자신을 위해서도 최선을 다해 공부할게요.

우리 가족들이 항상 건강하게 잘 지내고

저와 제 동생이 성실하게 학교생활을 할 수 있도록 기도해주세요.

축복해요!

2010년 6월 20일
언제나 사랑하는 마음을 담아, 준 마리 올림.

June Marie

PART 4

기적을 만드는 사랑의 통로

Thank
you and
God Bless
you

하나님이 하십니다

2002년 7월, 집에서 컴퓨터와 프린터 한 대씩을 놓고 한국컴패션 설립 준비를 시작하는데 얼마나 가슴이 뛰고 설렜는지 모릅니다. 우선, 보건사회부(현재 보건복지부, 이하 보사부)에 단체 등록을 하러 갔습니다. 그런데 시작부터 뜻밖의 장벽에 부딪쳤습니다.

당시 누군가 그랬습니다. 대한민국에서 가장 법인 허가를 받기 힘든 데가 보사부라고 말입니다. 그 시기에 우후죽순으로 생겨난 비영리단체들이 후원금을 모아 다른 곳에 쓰는 경우가 많았기 때문입니다. 저는 그런 사정도 모르고 가벼운 마음으로 보사부 문을 두드렸습니다.

"컴패션이요? 처음 들어보는데요. 등록할 수 없습니다."

의외의 반응에 당황했지만 다른 방법이 없었습니다. 그저 일주일에 두 번씩 무작정 찾아가 직원에게 사정하는 수밖에요.

"컴패션은 우리나라에서 41년 동안 수천 개의 보육원을 세우고 십만 명 이상의 고아와 가난한 어린이를 도왔어요! 그 도움으로 목사, 변호사, 사업가가 된 사람들이 이제 한국보다 못 사는 나라의 아이들을 돕겠다고 요청한 것입니다. 이런 상황인데 승인이 안 되면 국제적으로 창피한 일입니다."

직접 컴패션 50주년 사진첩을 펼쳐서 보여주기도 했습니다.

"이거 보세요. 다 한국 사진이지요?"

그러나 담당 직원은 같은 말만 되풀이했습니다.

"그래도 안 됩니다. 보사부 내에 보관된 자료가 없습니다."

하도 찾아와서 간청하니 나중에는 직원들이 저를 슬슬 피했습니다. 그런 데다가 더욱 심각한 문제가 있었습니다. 기관으로 등록하려면 묶어둘 수 있는 기본 재산이 있어야 한다는 것입니다. 컴패션은 국제단위의 기관이라 이를 감당할 수 있는 보증금의 액수도 많았습니다. 저는 미국, 캐나다, 영국, 프랑스 등 다른 컴패션 후원국들이 보증할 것이고, 후원금의 80퍼센트 이상을 어린이들을 위해 쓰겠다는 약속도 했습니다. 이는 제 개인적인 약속이 아니라 후원금의 80퍼센트 이상을 어린이 양육에만 쓰는 컴패션 사역 원리 중 하나인 80:20원칙을 이야기한 것입니다. 하지만 실질적인 기본 재산 없이 저의 약속만으로는 소용없었습니다.

국제컴패션 부총재에게 전화를 걸어 보증금이 필요하다는 사정을 이야기했습니다.

"어린이들을 위해 쓸 돈을 묶어둔다니요? 말도 안 됩니다. 이사회에서 절대 승인해주지 않을 것입니다."

전화선 너머로 어이없어 하는 그의 얼굴이 보이는 것 같았습니다. 자세한 사정은 이사회가 열리는 기간에 만나서 이야기하기로 하고 전화를 끊었습니다. 그러나 대책은 없고 그저 한숨만 나올 뿐이었습니다.

'한국에서 컴패션을 세우겠다고 하면 일이 뚝딱뚝딱 진행될 줄 알았는데 이게 대체 뭔가?'

지금에서야 고백하지만, 만약 진행 과정이 이토록 어려울 줄 알았다면 대표직을 수락하지 않았을 것입니다. 고민을 거듭하면서 바삐 일정을 소화하고 보니, 아무것도 해결되지 못한 채 미국으로 출국해야 할 순간이 되었습니다. 출국 절차를 밟으면서까지 고민이 깊어지자 한 가지 깨달음이 왔습니다. 이 문제를 놓고 제가 할 수 있는 일은 아무것도 없었습니다.

'그래, 이 모든 것이 결국은 하나님의 사역이잖아! 내가 걱정한다고 될 일이 아니야.'

미국에 도착하여 미리 부총재를 만나서 이야기했습니다.

"한 가지만 묻겠습니다. 한국을 후원국으로 세워야겠다고 했을 때 그것은 하나님의 뜻이었습니까? 그리고 나를 한국 대표로 뽑았을 때도 하나님이 확신을 주셨습니까?"

"물론 그렇습니다."

"그러면 하나님이 하실 것입니다. 이사회에서 허락하지 않아도 하나님의 뜻이라면 어떻게든 될 것입니다."

난감한 표정으로 저를 바라보던 부총재는 이사회에 말이라도 해보겠다며 회의장으로 들어갔습니다. 훗날 들은 이야기지만 부총재는 전례가 없는 사안인지라 분명하게 의견을 제시하지 못하고 이리저리 빙빙 돌려 이야기했다고 합니다.

"그래서 요점이 뭡니까?"

이사장의 질문에 더는 도망갈 곳이 없다고 생각한 부총재가 보증금 이야기를 꺼내면서 제가 했던 말을 그대로 전했습니다.

"여러분, 한국을 후원국으로 세우는 게 하나님의 뜻이었다고 생각합니까? 그러면 무엇이 문제입니까?"

이사장은 고개를 끄덕이더니 다른 이사들을 설득해주었습니다. 그렇게 보증금 문제가 해결되었고, 보사부를 끈질기게 설득한 끝에 마침내 허가가 났습니다. 담당직원이 믿을 수 없다는 표정으로 말했습니다.

"이건 있을 수 없는 일이에요."

보사부의 최종 승인을 받기까지 8개월의 시간이 걸렸습니다.

우여곡절 끝에 등록을 하고 열심히 후원자 모집을 위한 홍보만 하면 될 것이라 낙관했던 저에게 또 다른 난관이 기다리고 있었습니다.

저는 한국에서 컴패션이 시작한다고 하면 예전에 도움을 받았던 분들이 너도나도 나서주실 줄 알았습니다. 그래서 미국에서 귀국 준비를 하면서 여러 아이디어를 생각해둔 터였습니다.

'일단 수혜자 분들을 찾아가자. 그리고 일간지에 "나를 만든 컴패션"이라는 코너를 만들고 하루에 한 사람씩 사연을 담아 기사를 내면 되겠다.'

지금 생각하면 신문사에서 해주지도 않을 일이었지만, 그때는 이를 통해 컴패션이 알려지고 후원도 늘어날 꿈에 부풀어 마음을 턱 놓고 있었습니다.

드디어 수혜를 받았던 분들을 한 분씩 찾아뵈었습니다. 그런데 뜻밖의 난관에 부닥치고 말았습니다.

"어머니가 살아계시는 동안에는 제가 이렇게 비참하게 컸다는 사실을 알릴 수가 없네요."

"죄송하지만, 가족과 돌봐야 할 사람들에게 그 시절의 제 이야기가 도움이 되지 않을 것 같아요."

믿었던 동아줄이 툭 끊기는 것 같았지만 그 분들의 심정이 이해되기도 했습니다.

차선책으로 국제컴패션에서 추천해준 국내 유력인사 명단을 꺼내 들고 그 분들을 한 분 한 분 찾아뵈었습니다. 그러나 이들도 컴패션과 지속적으로 함께할 여건이 아니었습니다. 그리고 이 과정에서 저는 새로운 두려움을 갖게 되었습니다.

당시 한국에서 어린이가 자립할 수 있을 때까지 10년에서 15년 동안 자녀를 양육하듯 매월 양육비를 보내는 방식은 처음 소개되다시피 했습니다. 따라서 많은 사람들이 1:1 결연 방식에 대해 회의적이었습니다.

"어린이와 후원자가 만나 가족이 되는 1:1 결연 방식은 한국에서는 힘들 것입니다."

하루하루 실망이 이어졌습니다. 실망은 급기야 본질에 대한 의구심을 품게 했습니다.

'1:1어린이양육을 포기해야 할까?'

'한국의 기존 후원자들에게 익숙한 단기 후원으로 방향을 바꾸는 것이 어떻겠냐고 국제본부에 이야기해볼까?'

여러 날을 고심한 끝에 저는 손에 들고 있던 명단을 버리고 사람들을 찾아가는 일을 그만두었습니다. 오직 빈손으로 하나님만 바라보기로 작정한 것입니다.

그런 후 제가 미국으로 이민 가기 전 주일학교를 다녔던 왕십리 삼성교회에 찾아갔습니다. 어릴 때부터 저를 키워주셨던 목사님과 전도사님이 그대로 계셨습니다. 어린 정인이가 목사이자 한 기관의 대표가 되어 돌아왔다며 무슨 이야기든지 들어보시겠다고 했습니다.

성도들이 모인 자리에서 영상을 보여드리고 1:1어린이양육 사역에 대해 열변을 토했습니다. 그런데 뜻밖에도 환갑을 넘긴 성도님들이 눈물을 훔치며 너도나도 어린이를 결연해주셨습니다. 그 자리에서 29명의 어린이가 결연되었고, 이 결연은 십 년이 넘은 지금까지 계속되고 있습니다.

저는 예전에 이때를 컴패션 사역에서 가장 어려운 시기였다고 말하곤 했습니다. 하지만 그 기간 동안 하나님은 제 계획이나 방법을 다 버리게 하셨고, 오직 하나님 한 분만을 의지하게 하셨습니다. 컴패션이 우리의 일이 아닌 '하나님의 일'임을 분명히 하셨고, 따라서 이 모든 일은 하나님의 방법과 섭리로 이루심을 신뢰하게 하셨습니다. 제가 이런 깨달음을 얻을 때마다 하나님께서는 저와 함께할 하나님의 사람들을 보내주시어 그분의 사랑을 흘려보내주셨습니다.

미리 준비된 크리스마스 선물

                                2003년 11월, 한국컴패션 설립예배를 드린 후 지인이었던 김명호 목사님의 소개로 곽수광 목사님과 부인인 송정미 씨를 만났습니다. 저는 늘 하듯 두 분께 컴패션을 소개했습니다.

"아이고, 하나님!"

예상 밖에 깜짝 놀라는 그들의 반응에 의아해하고 있는데, 송정미 씨가 말했습니다.

"몇 년 전 미국에 집회 차 갔을 때 에이미 그랜트(미국 유명 CCM 가수)의 크리스마스 콘서트에 갔었어요. 그런데 콘서트 중에 그가 컴패션을 소개하는 거예요. 전 세계 많은 어린이들에게 크리스마스 선물로 예수님을 소개해주지 않겠냐고 하면서 자신이 후원하는 어린이 사진을 보여주더라고요. 그때 저도 크리스마스 콘서트를 통해 어린이들을 양육하는 일에 동참하고 싶다고 생각했어요. 그래서 귀국 후에 알아봤는데 한국에는 컴패션이 없다는 거예요."

사실 저는 그때까지 송정미 씨가 유명한 찬양사역자인지도 몰랐습니다. 그들을 만나게 하신 것은 분명한 하나님의 인도하심이었지요. 그렇게 하여 그해 겨울과 이후 3년 넘게 송정미 씨의 '크리스마스 인 러브 콘서트'를 진행했습니다.

이 콘서트에는 많은 기독교계 인사들이 참석해주셨습니다. 콘서트를 마치고 참석자들과 인사를 하는데 한 건장한 남자 분이 눈물범벅이 되어서는 컴패션 사역을 돕고 싶다고 했습니다. 바로 규장 출판사의 여진구 대표님이었습니다. 이후 여 대표님과 곽 목사님은 매달 저를 만나 끊임없이 격려와 기도를 해주었습니다. 하나님께서 선물처럼 보내주신 이 만남을 저는 평생 잊지 못할 것입니다.

이렇게 하나님의 일하심을 느끼면서도 첫 2년은 답답한 마음이 컸습니다. 현지에 나가보면 후원자를 기다리는 어린이들이 너무나 많았기 때문입니다.

'이 어린이들을 언제 다 도울 수 있을까?'

이런 생각을 하면 저절로 고개가 꺾였습니다.

'혹시 내가 걸림돌이 되고 있는 건 아닐까? 하나님이 나 때문에 한국컴패션을 성장시키지 못하고 계신 것은 아닐까?'

매일 밤마다 실패하는 꿈을 꾸었습니다. 큰 강단에 서서 설교를 시작하려는데 사람들이 모두 저를 비웃는다거나 나가버리는 꿈이었습니다. 식은땀을 흘리며 벌떡 일어나서 두려움에서 벗어나게 해달라고 간절히 기도했습니다.

저는 전국 어디든 오라고 하는 곳이면 보따리장수처럼 다니며 영상을 보여주고 컴패션을 소개했습니다. 영상은 그때부터 지금까지 자원봉사로 함께하고 있는 김대훈 다큐멘터리 감독의 헌신으로 만들어졌습니다. 한 어린이를 향한 예수님의 애끓는 마음이 담겨 있는 그의 영상은 보는 사람마다 눈물 흘리게 했습니다.

여기저기서 조금씩 들어오는 어린이 후원신청서를 놓고 세 명의 직원과 저는 후원자와 어린이들을 위해 기도했습니다. 간절한 마음에 무릎만 꿇으면 눈물이 나는 때였습니다. 그러는 가운데 떠오른 생각이 홍보대사였습니다. 이름뿐인 홍보대사가 아니라 진심으로 어린이를 사랑하고 지속적으로 함께할 수 있는 사람을 보내주시길 기도했습니다.

그러던 어느 날, 지인 목사님으로부터 탤런트 신애라 씨와 남편인 차인표 씨가 신실한 크리스천이라는 말을 들었습니다.

"그래요? 그들을 만날 수 있을까요?"

"글쎄요. 연락이 어려울 텐데요."

저는 신애라 씨가 나온 잡지를 보며 어떻게든 하나님께서 주신 마음을 따라야 한다고 생각했습니다. 하지만 만날 도리가 없었습니다. 지푸라기라도 잡고 싶은 심정으로 그날부터 신애라 씨의 사진을 책상에 붙여 놓고 기도하기 시작했습니다. 그녀를 잘 몰랐고, 만나게 된다면 무엇을 어떻게 해야 하는지도 몰랐습니다. 하나님이 주신 아이디어니 만나면 방법이 나올 거라고 생각했습니다.

홍보와 마케팅 분야의 조언을 구할 사람도 필요했습니다. 역시 아는 사람이 없어서 어디서부터 시작해야 할지 몰랐습니다. 하루는 잡지를 보는데 유명 광고회사 웰콤의 설립자이자 CEO인 문애란 씨 인터뷰가 눈에 띄었습니다. "국내 여성 카피라이터 1호"인 그녀는 광고계에서 영향력 있는 여성 CEO였습니다.

'이런 분에게 도움을 받을 수 있다면 정말 큰 힘이 될 텐데.'

이런 생각에 그녀의 회사로 연락을 했습니다. 어렵사리 통화가 되었지만 컴패션과 저에 대해 아무것도 모르는 상황에서 함께 하기는 어렵다는 대답이었습니다. 제가 생각해도 맞는 말이었습니다. 저는 신애라 씨 사진 옆에 문애란 씨 사진을 붙여 놓고 두 사람을 위해 더 열심히 기도했습니다.

그러다 다시 한 번 지인을 통해 문애란 씨를 만날 기회가 생겼습니다. 문애란 씨와 대화하는 가운데 제가 미국에 전도사로 있을 때 한인 유학생들을 대상으로 상담하던 이야기를 하게 되었습니다. 이민자로서의 제 경험담이 그들에게 도움을 줄 수 있었기 때문입니다. 문애란 씨는 마침 미국에 유학 중이었던 자신의 딸 구민정 씨와의 만남을 부탁했고 어렵지 않다고 생각했던 저는 가끔 미국 출장을 갈 때, 공항에서 그녀를 만나 이런저런 이야기를 나누곤 했습니다.

그러다가 유학 생활의 긴장감으로 지쳐 있던 그녀에게 엘살바도르 비전트립을 권했습니다. 당시 구호단체와 NGO에 대한 연구를 하고 있던 그녀는 이 분야에 비판적인 시각이 많았습니다. 그런데 그때는 이상하게 참여하고 싶은 마음이 들었다고 합니다.

비전트립 출발 당일, 여행가방을 끌고 집을 나섰는데 하필 엘리베이터가 고장 나는 바람에 33층에서부터 낑낑대며 무거운 가방을 들고 계단으로 내려와야 했지만 그녀는 포기하지 않았습니다.

비판적인 시각의 소유자라더니 막상 현지에 간 그녀는 마치 숨은그림찾기를 하는 것처럼 구석에 홀로 있는 아이, 눈물 고인 아이를 찾아가 안아주고 놀아주었습니다. 어린이가 미소를 되찾는 것처럼 그녀도 어린이들과의 교감을 통해 얼굴 가득 미소가 번졌습니다. 비전트립에서 돌아온 후 그녀는 어머니에게 전화를 걸어 어린이들의 이야기를 하며 간곡히 부탁했습니다.

"엄마가 꼭 도와줘야 하는 하나님의 일이에요."

문애란 씨의 내면도 변해 있었습니다. 당시 그녀는 밥 버포드의 《하프타임》이란 책을 읽으며 이런 질문을 드렸습니다.

'하나님, 제 나머지의 인생을 어떻게 드려야 합니까?'

그러던 차에 딸의 전화를 받게 되었고 저와의 만남을 통해 컴패션에 대한 깊은 이해를 갖게 되었습니다. 그해 말, 필리핀 현지에서 문애란 씨는 하얀 옷을 입은 '크리스티나'라는 조그마한 여자아이를 만날 수 있었습니다. 여성 CEO로서 자신을 쿨한 엄마라고 소개하던 그녀는 크리스티나를 품에 안을 때, 전에는 알 수 없었던 특별한 엄마의 사랑을 느꼈습니다.

"그 아이를 안았을 때 처음으로 지울 수 없는 따뜻한 온기를 느꼈어요."

그리고 하나님의 따뜻한 음성이 들려왔다고 고백했습니다.

'내가 너를 24시간 이렇게 안고 있단다.'

그녀는 이것이 자신의 인생 나머지 반 페이지를 위해 하나님께서 새롭게 열어주신 비전임을 직감했습니다.

문애란 씨는 저와의 만남 직후, 가수 선 씨와 홍보 마케팅 자문으로 활동하고 있는 다이아나 강 씨를 소개시켜주었습니다. 카페에서 만난 선 씨는 컴패션이 하나님의 사랑 안에서 이루어지는 것인지를 확인하기 위해 질문을 쏟아냈고, 다이아나 강 씨는 후원금이 어떻게 투명하게 사용되는지에 대해 물었습니다.

저는 컴패션이 현지 교회와 협력하여 일하고 있으며 이 안에서 어떻게 지속적이고 체계적인 양육이 이루어지는지에 대해 열심히 답을 했습니다.

"컴패션에 등록한 어린이는 학교에 다니게 되며 방과후 수업으로 어린이센터에서 연령별 커리큘럼에 맞춰 지적, 사회·정서적, 신체적, 영적 영역에서 양육을 받게 됩니다. 또한 후원자와의 유대관계를 통해 가정과 지역의 리더십으로 자라날 수 있도록 하는 전인적 양육을 받습니다. 컴패션은 종교를 강요하지는 않지만, 분명한 하나님의 사랑으로 양육하기 때문에 한 어린이를 십 년이 넘는 기간 동안 양육하는 일이 가능합니다.

또한 후원금 사용을 투명하게 하기 위해 어린이센터 설립 때부터 교회가 어린이 사역에 헌신적인지 살펴봅니다. 오픈 기간만 1년에서 3년 정도가 걸리고 오픈 후에도 연간 내외부 감사와 월별 보고를 진행하며, 10개에서 12개의 어린이센터마다 센터를 책임지고 관리 감독하는 사람이 있습니다. 또 각 센터마다 모여서 매주 직원들과 교사들이 양육 프로그램과 투명한 후원금 처리 방법에 대해 교육받을 수 있도록 합니다. 각 어린이는 등록에서부터 자립 가능한 성인이 되어 센터를 졸업할 때까지의 개인 자료를 갖게 되는데, 매 학기마다 지적, 사회·정서적, 신체적, 영적 영역에서의 성과표와 정기검진 결과, 가정방문 기록, 편지들, 연필 한 자루라도 후원금으로 산 게 있다면 그 영수증까지 첨부되어 있습니다."

마침내 두 사람은 눈을 빛내며 고개를 끄덕였습니다. 이후 저는 다시 바쁜 일상으로 돌아갔습니다.

미국에 있을 때 다이아나 강 씨로부터 온 전화를 한 통 받았습니다. 그녀는 파티를 해보면 어떻겠느냐고 제안했습니다. 10년 이상, 높은 후원금으로 후원하려면 그동안 해오던 방식은 안 된다고 생각한 그녀는 대한축구협회 마케팅 프로그램 자문활동을 했던 이력을 바탕으로 자선파티를 제안했습니다. 한 후원자가 호스트가 되어 지인들을 초청하고 어린이들이 후원자를 만날 수 있도록 하자는 것이었습니다.

저는 반신반의하며 물었습니다.

"한국에는 자선파티 문화가 없는데 괜찮을까요?"

전화선 너머 간단한 대답이 돌아왔습니다.

"컴패션은 설명이 많이 필요하잖아요."

문애란 씨는 곧바로 이를 실행에 옮겨 초대 명단을 만들고 전화를 돌렸습니다. 그리고 일일이 초대한 사람들을 만나 자세한 컴패션 이야기를 했습니다. 저는 일이 순식간에 진행되는 것을 보며 깜짝 놀랐습니다. 카페에서 개최된 첫 번째 컴패션 파티 '미리 메리 크리스마스'는 어린이들에게 좀 더 가까이 다가가자는 의미로 떡볶이와 옥수수, 감자, 고구마를 먹으면서 진행되었고 참석자들은 화기애애한 시간을 즐겼습니다. 문애란 씨는 파티 당일 불가피하게 참석하지 못한 진행자를 대신하여 직접 사회를 보기도 했습니다.

영상에서 보여지는 어린이들의 희망에 찬 모습은 기존의 도움이 필요한 어린이들의 영상과 다른 메시지를 담고 있어 참석자들에게 희망에 동참하고 싶은 마음이 일게 했습니다. 저는 테이블을 돌아다니며 어린이들이 실질적으로 어떤 도움을 받고 있는지 또 어떻게 해야 어린이를 도울 수 있는지 소개했습니다. 행사를 마칠 때쯤 문애란 씨가 물었습니다.

"여러분 중에 다음 파티를 이어서 하실 분은 이야기해주세요."

그 자리에서 바로 다음 파티를 개최할 사람이 정해졌습니다. 이 파티를 통해 하나둘 사람들이 모이기 시작했습니다. 이들은 수많은 행사와 만남 속에서 컴패션의 든든한 지원자가 되어주었습니다. 또한 다음해 있을 첫 번째 컴패션 사진전을 개최하며 수년 동안 또 하나의 어린이가 후원자를 만날 수 있는 큰 통로를 만들었습니다.

이들이 한국컴패션만의 독특한 후원자 그룹인 '컴패션 프렌즈'로 지금은 FOC(Friends of Compassion)라는 이름으로 활동하며 매주 예배하고 기도하며 참신한 아이디어로 프렌즈 파티를 개최해가고 있습니다. 문애란 씨와 FOC는 이후에도 각종 강연과 행사를 포함하여 언론을 통해 컴패션을 알리는 데 앞장섰습니다. 오영 씨와 같은 분은 어릴 때 보육원을 하겠다는 꿈을 컴패션에서 어린이들을 후원하면서 이룬 데에 이어 15년 가까이 꾸준하게 헌혈과 다양한 기부활동을 하여 보건복지부 상을 받기도 했습니다.

문애란 씨가 호스트가 되었던 첫 번째 프렌즈 파티 때였습니다. 파티가 훈훈하게 마무리 될 때까지 조용히 미소 지으며 박수를 치던 한 사람이 있었습니다. 다이아나 강 씨의 초청으로 오게 된 사람이었는데 다이아나 강 씨는 이전에 저에게 들은 이야기를 그에게 풀어놓았다고 합니다. 도움을 받는 나라에서 도움을 주는 나라로 선 우리 역사에서부터, 다른 어린이를 돕는 일이 어떻게 이루어져야 할지에 대해서 장황하게 이야기를 펼쳐놓으니 그 분이 빙그레 웃으며 묘하게 관심이 간다고 했습니다. 그가 바로 신애라 씨였습니다.

"밑도 끝도 없이 아프리카 아이들이 어떻고 하는 이야기를 하는데 들을수록 이상하게 관심이 가고 마음이 끌렸어요. 그때 저는 암 투병을 하시던 어머니가 돌아가시면서 꼭 읽어보라고 준 릭 워렌 목사님의《목적이 이끄는 삶》이란 책을 읽고 과연 제 인생에 예비하신 하나님의 목적이 무엇일까 오랫동안 곰곰이 생각하던 중이었어요. 하지만 이 만남이 제 기도에 대한 하나님의 응답인 줄은 몰랐지요."

신애라 씨는 만약 조금만 더 이전에 만남이 주선되었다면, 절대 저를 만나지 않았을 것이라고 했습니다.

저는 두 번째 만남을 가지면서 마침내 신애라 씨에게 말했습니다.

"제가 당신을 만나기 위해서 18개월 동안 사진에 손을 얹고 기도했습니다."

그녀가 깜짝 놀랐습니다. 나중에 남편 차인표 씨에게 들으니 신애라 씨는 원래 어린아이들에게 관심이 많아 꾸준히 봉사를 실천해온 사람이었습니다. 복지기관에서 부모 잃은 갓난아기를 돌봐주거나 보육원에 가서 어린아이들을 몇 년째 소리 소문 없이 꾸준히 돌봐왔다고 했습니다.

처음 홍보대사를 제안했을 때 그녀는 홍보대사를 하려면 진심으로 마음이 열려서 자기 일처럼 해내야 하는데 그럴 자신이 없다고 했습니다. 저는 그녀에게 편한 마음으로 현지 방문을 다녀오면 어떻겠느냐고 제안했습니다. 그렇게 하여 그녀는 문애란 씨와 함께 처음 필리핀으로 어린이센터를 방문하게 되었습니다.

센터에서 만난 어린이들은 깨끗하고 환한 얼굴이었습니다. 하지만 막상 이 어린이의 손을 잡고 찾아간 집은 한 평 남짓한 작은 곳에 7명의 가족들이 살고 있었습니다. 이 상반된 모습에 신애라 씨는 가슴이 무너져 내렸고, 차마 말을 잇지 못했습니다. 하루 이틀 눈물이 마를 날이 없던 그녀는 방문 기간이 끝나가던 일주일 후쯤 마침내 활짝 웃을 수 있었습니다. 센터에서 사역자들과 교사들, 직원들이 어떻게 어린이들을 돌보는지 충분히 보았고, 아이들이 이미 희망의 경주를 시작했음을 확인했기 때문입니다.

전기도 들어오지 않는 한 가정을 방문했을 때였습니다. 작은 아이를 안고 기도하던 중이었는데, 바로 옆에서 아이의 어머니가 숨죽여 이 기도 소리를 듣고 있었습니다. 그리곤 알아들을 수는 없었지만 기도에 담긴 진실한 사랑에 눈물을 흘렸습니다. 기도 중이던 신애라 씨가 다른 손으로 어머니의 손을 꼭 잡았습니다.

그녀는 한국에서 온 손님에게 자신의 거친 손을 내밀기 부끄러워했지만 신애라 씨는 그 손을 더욱 힘 있게 잡았습니다. 마침내 어머니도 신애라 씨의 손을 마주잡았습니다. 한마디의 말도 없었지만 두 사람은 자녀를 생각하는 어머니로서 갖는 동일한 마음을 나누었습니다. 신애라 씨는 이 어머니와 맞잡은 손을 떠올리며 어린이가 살아났을 때 온 가족이 일어나는 것에 확신을 가질 수 있었습니다.

이후 신애라 씨는 한국에 돌아와 특별한 위촉식도 없이 바로 홍보대사로 활동하기 시작했습니다.

여기에 와주어 고맙다

하나둘 하나님이 보내주신 사람들이 모였습니다. 이들이 어떻게 어린이들을 더 많이 도울 수 있을까 이야기하는 자리는 늘 화기애애하고 감동이 넘쳤습니다. 필리핀에서 찍어온 사진들을 서로 나눠보던 그들이 사진전을 열면 어떻겠느냐는 이야기를 했습니다. 당시 구호단체의 사진은 비참한 환경에 처한 어린이들을 보여주며 도움을 호소했습니다. 하지만 컴패션의 사진은 비참했을 때의 모습이 아니라, 어린이들이 하나님 안에서 사랑받고 회복된 모습을 담고자 했습니다. 광고사진을 찍던 허호 씨가 필리핀에서 찍어온 컴패션 아이들의 사진이 바로 그랬습니다. 밝고 사랑스러운 미소를 짓는 사진 속 아이들이 이렇게 말하는 것 같았습니다.

"제 안의 희망이 보이나요? 제게 사랑을 주신 예수님이 보이세요?"

즐거운 모임 가운데 계획된 사진전은 처음에는 작은 공간에서 개최될 계획이었습니다. 그런데 한 대형백화점에서 이 소식을 듣고 뜻 깊은 행사라며 공간을 내주기로 했습니다. 탄성을 지르는 것도 잠시, 그 넓은 공간을 다 채우려니 사진이 모자랐습니다. 곧바로 신애라 씨의 동인도 촬영이 추가로 계획되었습니다.

그런데 때마침 시작된 드라마 촬영 일정으로 신애라 씨가 시간을 내기가 어려워졌고 남편 차인표 씨가 대신 가기로 추천되었습니다. 차인표 씨는 얼떨결에 떠밀려 동인도에 갈 형편이 되자 난색을 표했습니다. 행사를 위한 홍보 사진을 위해 가는 여행인데다 목사와의 동행이라니 불편하기 짝이 없었고 내키지도 않았습니다. 모든 게 맘에 들지 않았지만, 궁금한 건 하나 있었다고 합니다. 평소 앞에 나서기를 싫어하는 아내가 이름도 모를 작은 단체의 홍보대사가 된 이유였습니다.

한편 동인도 비전트립에는 차인표 씨와 함께 다섯 명의 남자가 동행했습니다. 인테리어 회사 대표, 화가, 연예인, 기획사 직원 등 참가자들은 아내나 지인 대신 왔거나 그들의 강요에 못 이겨 억지로 온 것이었습니다. 달갑지 않은 표정으로 공항에 모인 그들에게 제가 말했습니다.

"여러분, 힘드시죠? 이게 대체 무슨 일인가 하실 겁니다. 평소대로 편하게 지내셨으면 좋겠습니다. 담배를 피우셔도 되고, 술을 마셔도 됩니다. 저는 담배 피는 것과 콜라 마시는 것에 어떤 차이가 있는지 모르겠습니다. 몸을 해치는 것은 똑같은데 말입니다. 성경은 너희 몸을 성전으로 여기며 더럽히지 말라고 하는데 우리는 생각으로도 몸을 더럽힐 수 있습니다. 우리 몸이 거룩한 성전임을 깨닫는 것이 중요합니다. 그 다음에 하나님이 이끄시는 대로 선택하면 됩니다."

목사가 하는 이야기치고는 시작이 신선했는지 얼굴이 조금은 편해졌습니다. 저는 이어서 말했습니다.

"다만 한 가지 부탁드릴 게 있습니다. 현지에 가면 선생님들과 어린이들이 있습니다. 폭력과 마약, 알코올에 중독된 주변 어른들로부터 어린이들은 말할 수 없이 많은 고통을 당했거나 당하고 있습니다. 그러니 어린이들 앞에서만은 그런 모습을 자제해주셨으면 합니다."

마침내 우리 일행은 인도에 도착했습니다. 첫 목적지는 콜카타에서 북쪽으로 한참을 가는 보세카티라는 곳이었습니다. 공항에서 버스를 타고 4시간을 달린 후에 버스가 들어갈 수 없는 좁은 진흙길을 릭샤를 타고 30분 더 들어갔습니다. 다 쓰러져 가는 흙집들이 옹기종기 모여 있는 작은 마을에 어린이센터가 보였습니다. 도착하기 직전, 제가 말했습니다.

"여기 있는 어린이들의 부모는 하루 16시간 이상씩 일하는 사람들입니다. 대부분 엄마가 홀로 아이들을 키우는데 한 가정에 아이들이 대여섯 명은 됩니다. 그래서 엄마가 아이들한테 사랑을 줄 수 있는 여력이 없습니다. 이 아이들은 태어나 한 번도 사랑한다는 말을 들어보지 못했을 것입니다. 1초가 되었든, 5초가 되었든 마음으로 다가가주세요. 안아주셔도 좋고 눈을 마주쳐주셔도 좋습니다. 마땅히 보호받고 사랑받아야 하는 아이들입니다. 내 안에 계신 예수님이 그 아이에게 표현하고 싶어하시는 그것을 해주십시오. '하나님은 너를 사랑한단다. 나도 네가 참 좋단다'라고 말해주십시오."

시큰둥해 있던 차인표 씨도 앞에서 저렇게까지 이야기하는데 저 말이라도 들어주어야 되겠다는 심정으로 드라마 대사를 외우듯 제가 한 말을 되뇌었습니다. 차에서 내리자 예쁘게 차려 입은 어린이들이 우리를 환영하고자 나란히 서 있었습니다. 센터에서 먹는 하루 한 끼의 밥과 간식으로 건강이 회복되어가기는 했지만 체격은 앙상한 뼈마디를 그대로 보여주고 있었습니다.

차인표 씨는 가장 먼저 내려 어린이들 앞으로 걸어갔습니다. 뜨거운 열기가 메마른 땅에서 더욱 뜨거운 복사열을 내고 있었습니다. 그는 뚜벅뚜벅 걸어가 맨 앞줄에 있는 한 남자아이 앞으로 갔습니다. 머루처럼 새까만 눈동자를 가진 아이가 뜻밖에도 먼저 그에게 손을 내밀었습니다.

그는 아이의 손을 잡았습니다. 그 순간 그는 아찔한 현기증을 느꼈습니다. 또렷하게 '말씀'이 들려온 것입니다.

"인표야, 40년 동안 얼마나 힘들었니. 오느라고 수고했다. 나를 만나러 여기까지 왔으니 정말 고맙다. 나는 정말 너를 사랑한다."

생각지도 못한 장소에서 하나님의 음성을 들은 그는 아이의 눈동자를 통해 전해오는 한없는 위로와 사랑을 받으며 말없이 아이를 안았습니다.

"신비로운 두루마리가 주르륵 펼쳐지는 느낌이었어요. 모태신앙으로 40년 동안 교회를 다녔지만 그동안 한 번도 예수님의 음성을 들어본 적이 없었지요. 오늘 처음으로 제 안에 예수님을 뜨겁게 만났습니다."

이후 하나님이 그의 삶을 이끌어가기 시작하시면서 어린이들에게 사랑을 부어주는 일이 그의 삶에 가장 가치 있고 중요해졌습니다.

"아마도 하나님께서 주사기 같은 걸로 제 안에 뭔가를 주입하신 모양입니다. 그렇지 않다면 어떻게 생전 처음 보는 아이들에게서 그렇게 가슴 벅찬 사랑을 느낄 수 있겠어요?"

사람의 눈에는 철인처럼 보였던 그를 단 한 명의 작고 연약한 어린이를 통해 흔들어놓으신 하나님의 기막힌 계획 앞에 저는 감탄하고 말았습니다.

이 여행에 억지로 끌려온 여섯 명의 남자가 의기투합했습니다. 현지 어린이들이 후원자들을 환영하며 춤을 추고 노래를 불러주는 것처럼 자신들도 어린이들을 위해 이런 공연을 하기로 한 것입니다. 이렇게 '컴패션밴드'가 탄생했습니다. 다들 춤과 노래에 초보자였지만 열정만큼은 하늘을 찔렀습니다.

드디어 첫 번째 컴패션 사진전이 열렸습니다. FOC들과 자원봉사자들이 와서 멋진 장식을 해주었습니다. 사진 속 아이들은 "나는 세상에 단 하나뿐인 존재입니다"라고 자신감 있게 말하며 사람들을 맞았습니다. 사진전에서 컴패션밴드가 첫 번째 공연을 했습니다. 열심히 준비한 춤과 노래를 선보이자 사람들이 박수를 치고 환호성을 질렀습니다.

"앵콜! 앵콜!"

하지만 아쉽게도 이들은 딱 한 곡만 준비했기에 더는 보여줄 공연이 없었습니다. 이렇게 즐거웠던 첫 번째 사진전을 마쳤습니다.

이후 컴패션밴드는 동참하는 사람들이 하나둘 늘어나면서 이제는 각 분야 전문가들 100여 명이 사진전과 후원자 모임, 어린이 결연행사 때마다 특별한 공연을 선보이고 있습니다. 특히 2009년에는 100퍼센트 자원봉사로 첫 번째 앨범 〈사랑하기 때문에〉를 만들었고, 2013년에는 두 번째 앨범 〈그의 열매〉를 통해 사랑이 가득하면서도 건강한 노래로 어린이들을 향한 자신들의 마음을 담아냈습니다.

백만 명 중 한 어린이를 찾아서

　　　　　　은토토 산은 에티오피아의 수도 아디스아바바가
한눈에 내려다보이는 거대한 고산입니다. 2007년 차인표 씨는 바로 여
기에 있었습니다. 거칠고 황량한 비포장도로 위로 트럭들이 뽀얀 먼지
를 내며 위험한 질주를 하는 동안, 그 옆으로 수많은 어린이들이 자기
몸보다 더 큰 나뭇짐을 지고 내려오고 있었습니다. 트럭운전자들은 어
린이들이 지나가는 것을 보면서도 조심하지 않았고 아이들은 무거운
짐을 진 채 트럭을 피해 다녀야 했습니다.
한 여자아이가 먼지투성이 옷을 입고 비틀거리더니 잠시 짐을 내려놓
고 쉬고 있었습니다. 아이는 곧 다시 나뭇짐을 들어 어깨에 지려 했으
나 자기보다 더 무거워 보이는 나뭇짐은 쉽게 들리지 않았습니다. 금방

이라도 균형을 잃은 채 벌러덩 넘어질 것 같았습니다.

이 모든 광경을 믿을 수 없는 눈으로 바라보던 차인표 씨는 반사적으로 달려가 나뭇짐을 덥석 들었습니다. 잠깐이었습니다. 그 잠깐 동안 그의 어깨와 등은 나뭇가지에 찔리고 눌려 상처투성이가 되었습니다. 게다가 짐은 엄청나게 무거웠습니다. 건장한 남자인 자신조차 헉헉거리게 만드는 짐을 지고 아이가 가파른 산길을 내려왔다는 게 믿을 수 없어 아이를 다시 바라보았습니다.

그는 자신이 타고 있던 트럭에 아이의 짐을 실어주고, 갖고 있던 물병을 내밀었습니다. 그러자 여기저기서 짐을 든 어린이들이 달려들었습니다. 어린이들은 벌컥벌컥 숨도 쉬지 않고 물을 마셨습니다. 흩날리는 모래 먼지가 땀과 섞여 어린이들의 얼굴과 옷에 뭉쳐 있었습니다. 물을 마신 후 더러워진 옷소매로 입을 닦는 어린이들의 모습이 너무나 안쓰러웠습니다. 이 어린이들이 왜 이런 고통을 당해야 하는지 도무지 이해할 수가 없었습니다.

어린이들은 새벽 5시에 집을 나와 오후 2,3시까지 땔감을 주어와 시장에 가서 팔았습니다. 그렇게 해서 당시 우리 돈으로 300원가량을 받았습니다. 물 한 병 값도 안 되는 셈입니다. 현지 직원의 말에 의하면 은토토 산에만 이런 어린이들이 백만 명에 달한다고 합니다. 은토토 산에서 찍어온 영상에 이 여자아이가 보였습니다. 아이의 커다란 눈이 화면 너머 사람들에게 말을 건네는 것 같았습니다.

'어쩌면 내일 이 일을 할 수 없을지 몰라요. 내일은 제가 아프거나 굶을지도 모르거든요. 그래도 저, 오늘 열심히 살래요. 이 짐을 지고 제 길을 걸어갈래요.'

아이는 자신이 감당할 수 없는 고통의 무게를 말없이 받아들이는 모습이었습니다. 어떠한 변명이나 항변도 하지 않고 그저 숙명으로 받아들이며 인내하고 있음을 아이의 눈이 말해주고 있었습니다.

이 영상이 상영될 때마다 장내에는 침묵이 흘렀습니다. 눈물과 한숨이 터져 나왔습니다. 그리고 이와 같은 현실에 처한 수많은 어린이들이 후원자를 만났습니다.

그런데 정작 이 일을 가능하게 했던 이 여자아이에 대해서는 아무것도 몰랐습니다. 당시 황당하고 기가 막힌 현실을 보고 말문이 막혔던 사람들이 미처 아이를 컴패션에 등록시킬 생각을 못했을 뿐더러 이름이 무엇이고 어디에 사는지도 물어보지 못한 것입니다. 한국에 돌아와 이런 사실을 깨닫고 무너져 내렸을 차인표 씨의 심정이 이해가 갔습니다. 그는 당장 오늘 어떻게 될지 모를 현실에 아이를 그냥 두고 왔다는 생각에 자책하며 괴로워했습니다.

이듬해 사진전에 예리한 눈동자를 가진 한 젊은 남자가 방문했습니다. 당시 MBC 다큐멘터리 프로듀서로 훗날 〈아프리카의 눈물〉 등을 찍은 한학수 씨였습니다. 그는 에티오피아에서 찍은 영상을 보았다며 거기에서 캡처한 여자아이의 사진을 보여주며 차인표 씨에게 다큐멘터리를 찍으러 함께 가자고 제안했습니다.

이름도 모르고 사는 곳도 모르는 아이를 1년이나 지난 뒤에 찾는다는 건 불가능해보였지만, 그는 어린이들을 돕는 데 도움이 되리라 생각해 길을 나섰습니다. 은토토 산은 여전히 높았지만 1년 전에 비해 눈에 띄게 헐벗어 벌건 맨땅이 드러나 있었습니다. 그런데 이상하게 아이들이 보이지 않았습니다. 한참을 기다린 끝에 마침내 한 무리의 어린이들이 나타났고 그는 반갑게 달려갔습니다. 하지만 그 여자아이는 없었습니다. 한학수 씨가 사진을 꺼내 아이들에게 보여주었지만 모른다고 했습니다.

"너희들은 항상 이렇게 같이 다니니?"

"네, 혼자 다니면 위험해요! 하이에나한테 친구가 물려간 후로는 꼭 같이 다녀요."

그의 표정에 어두운 그림자가 드리워졌습니다. 그 아이가 살아있을지조차 장담할 수 없는 상황이었습니다. 현지 직원은 은토토 산에 사는 수십만 어린이들 중 특정 어린이를 찾는 것은 불가능하다고 했습니다. 게다가 벌목으로 산이 급속도로 황폐해져 어린이들은 더 높은 곳으로 이동했다고 했습니다. 온 산을 뒤졌지만 찾을 수 없었습니다.

아디스아바바 시내로 돌아가는 차 안에서 차인표 씨는 말이 없었습니다. 달리는 차 안에서 창밖을 멍하니 쳐다보고 있을 뿐이었습니다. 얼마나 많은 생각이 그의 머릿속을 스치고 지나갔을까요. 미안함과 자책

감, 아이가 어떻게 되었을지 알 수 없는 막막함 등이 교차했을 것입니다. 미동도 않은 채 1시간을 창밖만 바라보고 있었습니다. 그때 차가 시내의 한 코너를 도는 사이 그가 처음 반대편으로 고개를 돌렸을 때였습니다.

"멈춰! 멈춰요!"

그의 소리에 차가 급정거했습니다. 그는 곧장 차에서 내려 한 여자아이 쪽으로 다가갔습니다.

"너, 맞지?"

길을 걷던 아이가 차인표 씨를 쳐다보았습니다. 그때 차에서 내린 한학수 PD가 품에 갖고 있던 사진을 주섬주섬 꺼내 아이에게 보여주었습니다. 아이는 미소를 지으며 고개를 끄덕였습니다. 드디어 그 아이를 찾은 것입니다. 아이의 이름은 '엘리자베스'였습니다. 버스 안에서 창밖만 바라보다 딱 한번 고개를 돌렸는데 마침 엘리자베스가 걸어가고 있는 것을 발견하다니 믿기지 않았습니다.

신기한 일은 또 있었습니다. 집으로 찾아가 만난 엘리자베스의 어머니는 오랫동안 아이가 컴패션에 등록되는 게 소원이었다고 말했습니다.

어린이센터로 가는 중에 엘리자베스는 창밖으로 옷 가게가 보이자 자기 옷을 한번 가리키고 가게를 가리켰습니다. 옷을 사달라는 뜻이었습니다. 시장 옆을 지날 때는 먹을 것을 사달라고 했습니다. 엘리자베스는 이 친절한 외국인 아저씨가 떠나기 전에 한 가지라도 더 받고 싶었던 모양입니다. 그런 아이를 보며 차인표 씨가 안타까운 듯 말했습니다.

"엘리자베스, 이제 먹고 입는 건 걱정하지 않아도 돼. 이제 괜찮아."

하지만 아이는 그런 말들이 이해가 되지 않는지 조금 있다가 또 옷 가게가 보이자 자기 옷과 가게를 번갈아 손가락으로 가리켰습니다. 그가 다시 말했습니다.

"너는 좋은 옷도 입을 수 있고, 학교도 가게 될 거야."

센터에 등록을 하고 선생님이 아이에게 자세한 설명을 해주었습니다. 엘리자베스는 그제야 모든 상황을 알아차렸습니다. 엘리자베스의 눈빛이 기쁨으로 빛나기 시작했습니다. 엘리자베스는 환한 얼굴로 한국에서 온 모든 사람의 손에 입을 맞추며 감사하다고 했습니다. 조금 전까지 옷과 음식을 구걸하던 모습이 아니었습니다. 그렇게 열 살짜리 엘리자베스는 차인표, 신애라 씨의 또 한 명의 자녀가 되었습니다.

다음 날 한학수 PD는 차인표 씨가 후원하는 에티오피아 대학생을 만나 이런 질문을 했습니다.

"만약 컴패션이 없었다면 지금 너는 무엇을 하고 있었겠니?"

"아마 은토토 산에서 벌목한 나무를 나르고 있을 것입니다."

바로 엘리자베스의 이야기였습니다. 이보다 더 잘 짜인 각본이 나을 수 있을까요?

돌아오는 비행기 안에서 한학수 PD는 차인표 씨에게 말했습니다.

"하나님은 정말 살아계시는군요."

자신은 하나님을 믿지도 않으면서 말입니다.

이 영상은 〈MBC 스페셜 - 3만 5천 원의 비밀〉이라는 제목으로 방영되었습니다. 밤 11시 늦은 시간이었는데도, 시청자들의 뜨거운 반응에 재방송까지 했고, 그 주 내내 꾸준히 결연이 들어와 6천 명이 넘는 후원자가 어린이를 새로운 가족으로 받아들였습니다.

하나님께서 한 어린이의 가치를 가슴속에 새겨주실 때, 모든 어린이가 그러한 무게의 가치가 있음을 말씀해주십니다. 엘리자베스라는 한 어린이는 한 후원자에게 각기 다른 어린이들이 얼마나 가치 있는 존재인지를 알게 해주었습니다.

I love you, mommy

       가수 션 씨는 하나님께서 처음으로 컴패션에 보내준 대중적인 유명인입니다. 첫 번째 프렌즈 파티 때, 마침 그의 아내 정혜영 씨는 첫째 아이를 임신 중이었습니다. 션 씨는 세 명의 어린이를 결연하고 이후 컴패션 사진전 때에는 태어난 지 얼마 안 된 첫째 딸을 포대기에 업고 하루 종일 우유를 먹이고 기저귀를 갈며 참여했습니다. 이때 다시 세 명의 아이를 더 결연했지요.

그의 자녀들이 늘어가면서 저는 이런 소탈한 모습들을 더 많이 볼 수 있었습니다. 아들들과 같이 보낼 시간이 턱없이 부족했던 저와 달리, 될 수 있으면 자녀들과 동행하려는 모습이 좋아 보였습니다. 아동전문가 한 분이 그를 보며 한 말이 기억에 남습니다.

"션 씨가 아이들과 놀아주는 모습을 보니 저보다 더 전문가네요. 자녀와 놀아주는 아버지의 표본입니다."

션 씨 부부를 보면, "남편들아 아내 사랑하기를 그리스도께서 교회를 사랑하시고 그 교회를 위하여 자신을 주심 같이 하라"라는 에베소서 5장 25절 말씀과 "아내도 자기 남편을 존경하라"라는 에베소서 5장 33절 말씀이 떠오릅니다. 이 부부의 삶 속에서 남편의 사랑을 듬뿍 받은 아내가 남편을 존경하고 그 사랑을 닮아가면서 더욱 구체적인 사랑을 흘려보내는 모습을 봅니다.

컴패션에서 6명의 어린이를 후원하고 있던 션 씨가 이 아이들을 만나고 싶어 필리핀 비전트립을 준비하고 있었습니다. 그런데 떠나기 며칠 전에 한 아이에게서 편지가 왔습니다.

"I love you, mommy(엄마, 사랑해요)."

편지에 '엄마'라는 말이 보이자 '아빠'인 그는 부인에게 편지를 보여주었습니다. 편지를 본 정혜영 씨는 생각에 잠겼습니다. 매달 후원금으로 어린이를 돕고 있기는 했지만, 엄마라고 불릴 정도로 사랑을 베풀었나 생각해보니 그건 아니었기 때문입니다. 그리곤 '엄마'라는 말을 듣고 도저히 가만히 있을 수 없다며 남편 대신 자신이 비전트립을 가기로 나섰습니다. 그렇게 정혜영 씨의 필리핀 행이 결정되었습니다.

필리핀에 도착해서 그녀는 자신이 후원하고 있던 어린이를 만났습니다. 그런데 이게 웬일입니까! 그녀가 쓰지도 않았는데 그녀의 이름이 적힌 편지가 아이의 손에 있는 것입니다. 그때 마침 선 씨에게 전화가 왔습니다. 정혜영 씨는 구석으로 가서 어두운 표정으로 전화를 받았습니다.

"오빠, 뭔가 이상해. 내가 쓰지도 않은 편지를 아이가 가지고 있어요."

"아, 카드에 쓴 거 말이야?"

"맞아요. 오빠가 어떻게 알아?"

"네가 촬영이 많아 못 보내는 거 같아서 얼마 전에 내가 대신 써서 보낸 거야."

그렇게 오해를 풀고 정혜영 씨는 우여곡절을 거쳐 자신을 '엄마'라고 불렀던 필리핀 딸 '클라리제'를 만났습니다. 클라리제는 까만 눈동자에 웃는 얼굴이 특히 예쁜 아이였습니다. 둘은 함께 손을 잡고 걷고, 서로를 마주보며 웃었습니다.

웃는 것도 조용하고, 우는 것도 조용하기만 했던 정혜영 씨가 무사히 비전트립을 마치고 한국으로 돌아온 지 얼마 안 될 때였습니다. 그녀에게서 한 통의 이메일을 받았습니다.

"필리핀에 다녀와서 오빠랑 많은 대화를 나누었어요. 한 가정의 아내이고 엄마라면 누구나 내 집 마련을 꿈꾸겠죠. 그런데 목사님, 저희는 천국에 집을 짓겠어요."

정말 놀라지 않을 수 없었습니다. 내 집 마련을 위해 통장에 차곡차곡

쌓이는 금액을 보며 기쁘고 설레지 않을 부부는 없을 것입니다. 그러나 그날 이들 부부는 집을 마련하기 위해 그동안 모아 두었던 돈과 앞으로 들어갈 돈으로 클라리제와 같은 어린이 100명의 꿈을 후원하기로 했습니다. 현재 가진 것과 앞으로 쓸 것 모두를 합해 어린이를 도울 수 있다고 생각한 두 사람에게 정말 놀랐습니다. 내 집 마련의 꿈을 미루고 전세계 아이들의 꿈을 응원하기로 한 그들의 결단에 박수를 보내며 기도하지 않을 수 없었습니다.

그러던 어느 날 션 씨가 저에게 기도 부탁을 했습니다.

"목사님, 100명 더 후원할 수 있도록 기도해주세요."

"100명 더요? 알겠습니다. 기도하겠습니다!"

한 달쯤 지난 어느 날 그가 말했습니다.

"목사님, 응답이 됐어요. 제가 새벽예배 때 간증을 했는데 목사님께서 교회 이름으로 100명을 후원하시겠다고 전화가 왔어요."

백주년기념교회에서 들려온 뜻밖의 소식이었습니다. 자랑하는 내색도 없이 그가 말을 이었습니다.

"목사님, 100명은 더 해야지요. 계속 기도해주세요."

그러더니 어느 날 그가 10킬로미터 마라톤에 자녀들과 함께 참여한다는 소식을 전해왔습니다. 팬클럽에서 100명이 컴패션 후원을 약속하면 마라톤 완주를 하겠다고 한 모양이었습니다.

그는 문자 메시지로 계속 상황을 알렸습니다.

"지금 30명 됐습니다."

"40명 됐습니다. 50명 됐습니다. 80명 됐습니다."

저도 이를 두고 계속 기도했습니다.

"목사님, 100명 됐습니다. 제가 완주할 수 있도록 기도해주세요."

드디어 서울 상암 월드컵공원에서 열리는 10킬로미터 마라톤 출발 선상에 선 씨가 두 자녀를 유모차에 태우고 나타났습니다. 스터지웨버증후군과 다른 희귀병으로 6개월밖에 살지 못한다던 아들을 열 살까지 사랑으로 키워낸 은총이 아버지 박지훈 씨도 아들과 함께했습니다. 이 마라톤은 100명의 결연 예정자들과의 약속 외에도 참가자들을 대상으로 1킬로미터당 1달러의 기금을 마련하여 아프리카 케냐에 교실을 증축해주고 방글라데시에 있는 5개 어린이센터에 놀이터를 만들어줄 것도 약속했습니다. 10킬로미터라고는 하지만 두 아이를 유모차에 태우고 달리기에는 힘든 코스였습니다. 언덕도 있고 비포장도로도 있었습니다. 그러나 선 씨가 말했습니다.

"많이 망설이다 결심했습니다. 우리 아이들의 삶에도 굴곡이 있고 장애물도 있을 텐데, 그것들을 함께 뛰며 헤쳐 나가보자는 생각이 들었습니다."

그렇게 완주를 하여 100명의 아이들이 후원자를 만나게 되었습니다. 2010년 1월 12일 아이티에 대지진이 일어났을 때 그는 그곳에 있는 자신들의 후원어린이 6명을 누구보다도 걱정했습니다. 다행히 이 어린이들은 무사했지만 1년 후까지도 회복 중에 있는 아이들을 생각하여 100명의 아이티 어린이를 더 결연함으로써 응원의 메시지를 전하고자 했습니다. 또 다른 단체를 통해서는 북한 어린이 500명과 한국 어린이 100명을 결연해 부부는 800명 어린이의 부모가 되었습니다. 이들은 여전히 자기 집이 없이 전세로 살고 있습니다. 그러나 천국에 누구보다 더 아름다운 집을 짓고 있음에 틀림없습니다.

채우시며 기다리시며

2011년 봄, KBS의 대표적인 프로그램인 〈사랑의 리퀘스트〉에 컴패션이 소개되었습니다. 각 어린이센터가 교회에 있고, 그리스도의 사랑으로 어린이를 양육하고 있다 보니 종교의 중립성을 유지해야 하는 방송국의 입장을 생각한 우리로서는 이를 어떻게 잘 표현할지에 대해 고민이 되었습니다.

게다가 컴패션은 어린이를 대하는 데 있어 '존귀함'이라는 원칙에 의해 어린이들의 비참하고 부정적인 모습이나 처절한 환경을 보여주기보다는 어린이가 후원자를 만나 희망을 찾은 모습, 하나님 안에서 회복된 모습을 보여주어야 했습니다. 하지만 기금모금방송의 전문가들인 그들은 그런 방식으로는 후원자가 많이 모일지 장담할 수 없다고 했습니다. 이런 입장 차이로 인해 고비고비마다 오랜 시간 고심할 수밖에 없는 상황이었습니다. 어린이들의 모습을 담기 위해 현지 촬영이 계획되었습니다. 한국과 가까운 필리핀으로 촬영지가 정해졌고 가수 선 씨가 후원자로 동행했습니다. 그런데 촬영을 앞두고 얼마 전, 세부의 빈민가에서 여섯 살과 일곱 살짜리 남매의 눈앞에서 아버지가 조직폭력배들의 총에 맞아 비참하게 세상을 떠난 사건이 일어났습니다. 촬영 팀은 그동안 희망에 찬 모습은 많이 담았으니 이번 기회를 통해 아직 가시지 않은 이 남매의 생생한 아픔과 절절한 마음을 담자고 했습니다.

그런데 막상 현지에 가보니 어린이가 등록된 어린이센터 교사와 직원들의 반발이 거셌습니다. 아이들에게 전문상담이 시작된 지 얼마 안 되었고 충격이 가시기를 기도 중인데, 드러내놓고 이를 재현하여 그때를 떠올리게 하는 것은 절대 안 된다는 설명이었습니다. 하지만 촬영팀도 이번만큼은 제대로 찍어보자고 한 상태여서 쉽게 물러나지 않을 것 같았습니다. 현지 어린이들이 처한 비참한 현실이 실감나게 전달되어야 더 많은 사람들이 어린이를 도울 수 있지 않겠냐고 했습니다.

동행한 직원이 수시로 기도 부탁을 해왔습니다. 난감해 하는 직원과 방송팀의 설득 끝에 현지 교사는 촬영을 위해 준비된 어린이에게 줄 질문지를 보여달라고 했습니다. 마음을 바꾸려나 싶어 얼른 갖다 준 질문지를 보더니 교사는 속상한 얼굴로 자리를 박차고 나가버렸습니다.

상황이 이렇게까지 되자 선 씨가 나섰습니다. 그는 촬영팀에게 이 아이들이 어린이센터가 있는 교회로 가서 기도할 수 있게 해달라고 요청했습니다.

"아이들이 기도를 시작하면 방해하지 말고 멀리서 뒷모습을 찍도록 하지요. 분명 기도 중에 아버지 이야기를 할 겁니다. 만약 아니라면 포기하는 것으로 하고요. 이 정도면 어떨까요?"

남매가 과연 아버지 이야기를 할지 알 수 없는 상황이었고 감시라도 하듯 담당 교사가 지켜보고 있었습니다. 교회 구석, 십자가 아래에 조그마한 어린이 둘이 앉았습니다. 어른들은 아이들이 수업의 일부려니 생각할 수 있도록 자연스럽게 자리를 피해주었습니다.

이윽고 오빠인 일곱 살 어린이가 주룩 눈물을 흘리더니 기도했습니다.

"하나님, 저와 동생이 아버지처럼 비참하게 죽지 않게 해주세요."

남매는 무섭고 떨렸던 기억을 하나님께 올려드리고 있었습니다. 어둠 가운데 어린이의 뒷모습만 찍힌 이 장면은 방송 중에 금방 지나갔지만, 이 한 장면을 위해 서로 다른 입장에서의 진실함 가운데에 얼마나 많은 고민이 있었는지 모릅니다.

드디어 어렵게 편집을 마치고 방송이 나갔습니다. 전국적으로 나가는 방송이어서 우리는 많은 어린이들이 후원자를 만날 것이라는 기대에 부풀어 만반의 준비를 했습니다. 방송이 나가는 동안 걸려올 수많은 전화를 안내하기 위해 후원자들이 도움의 손길을 주었습니다. 후원자들의 대부분은 상담에 있어 비전문가였지만 이 일에 누구보다 마음을 담을 수 있는 사람들이었습니다. 전화 안내를 위해 마침 한 전화상담 회사에서 사무실 전체를 다 빌려주었고, 미리 모여 연습한 후원자들과 직원들이 함께 앉아 방송을 보며 실시간 전화 안내를 했습니다.

1:1어린이양육에 있어 후원 상담은 결코 단순하지 않습니다. 후원금이 어떻게 사용되고 어린이를 결연하려면 어떻게 해야 하는지 조목조목 안내가 필요하기 때문입니다. 그럼에도 후원자들은 걸려온 전화를 받으며 자신으로 인해 또 한 명의 생명을 살리는 경험을 하며 기뻐했습니다. 한 시간이 넘는 시간 동안 출연진과 제작진, 담당직원 모두 감동적인 시간을 가졌습니다. 이후 시청자들의 반응도 몹시 좋다고 제작진이 알려주었습니다. 감사한 마음이 있었습니다. 하지만 우리가 기대했던 결과만큼은 아니었습니다. 우리의 기대치가 너무 컸나 싶어 하나님 아버지 앞에 죄송한 마음이 들기도 했습니다.

그러나 하나님은 우리를 평가하셔서 잘못했다거나 부족했다고 말씀하지 않으셨습니다. 그저 우리 안에 아버지의 마음이 채워지기를 기다리고 계셨습니다. 훗날 아버지의 사랑이 채워지고 흘러 넘쳐 많은 사람들을 기쁨의 잔치로 불러주셨을 때, 우리는 비소로 깨달았습니다. 아버지는 그 자리에 있는 자체를 기뻐하신다는 것을요. 하지만 우리는 몰랐습니다. 이 모든 준비가 더 큰 축복을 준비하고 계신 아버지의 계획의 일부라는 것을요.

세상에 없는 드라마, 힐링캠프

"비 내리는 호남선 남행열차에 흔들리는 차창 너머로….."
사무실에 뜻밖의 옛 유행가가 울려 퍼졌습니다. 그리고 잠시 있다가 웃음소리와 왁자지껄한 수다가 들려왔습니다. 휴대전화로 장난처럼 찍은 이 영상의 제목은 '가슴으로 부르는 노래'입니다. 보통 가슴으로 부르는 노래라고 하면 구슬프고 진지한 노래들이 떠오르지만, 이 노래는 좀 달랐습니다. 차인표 씨가 우람한 가슴 근육을 움직여가며 부른 실제로 '가슴'으로 부른 노래였기 때문입니다. 특이한 것은 짧은 노래 끝에 "어린이 결연은 이 번호로!"라고 한국컴패션의 결연 연결번호를 가리키며 마무리했다는 것이지요.
당시 한국컴패션 직원들과 후원자들 사이에서는 어린이를 위해 하루

한 가지 실천 항목을 정하자는 'ONE ACT' 운동이 일어나고 있었습니다. 기도를 비롯해 어린이 후원을 알리는 일이나 아이에게 편지 쓰기 등이었습니다.

'가슴으로 부르는 노래'인 이 짧은 영상도 ONE ACT의 하나로 만든 것인데, 너무 가볍다는 이유로 차인표 씨 본인과 가족들이 자체 검열하여 사람들에게는 선보이지 않기로 했습니다. 이것으로 '가슴으로 부르는 노래'는 세상에 나오지 못하고 묻혀버리는가 싶었습니다.

얼마 후, 차인표 씨는 더 진지한 자세로 또 다른 ONE ACT를 시작했습니다. 하루에 한 명씩 어린이를 결연하겠다는 결단을 하고 매일 아침 일어나 이 기도를 드렸습니다. 그런데 그가 새롭게 시트콤 촬영을 시작하게 되었고 매일 어린이 결연을 위한 활동을 하기에는 시간이 너무 부족해졌습니다. 아쉬워하는 그를 보며 하나님께서 기도에 응답해주실 것이라고 말해주었습니다.

한편 저희 쪽에서는 후원국 사이에서 대규모 후원자 이동이 준비되고 있었습니다. 한국컴패션은 초창기 후원의 상당 부분을 재미교포들이 담당하고 있었습니다. 이런 특수성으로 인해 한국컴패션 미주 사무실을 따로 세워야 했을 정도입니다. 한인 디아스포라의 열정이 대단하여 미국뿐 아니라 각 후원국에서 많은 한국 교포들이 교회를 중심으로 후원을 하고 있었습니다.

그러던 중 미국 정부가 기부금을 자국 기관으로 내도록 법을 개정했습니다. 이에 따라 한국컴패션을 통해 후원하는 재미교포들이 세금 혜택에서 불이익을 받을 것이 우려되어 2012년 초, 한국컴패션 미주사무실을 미국컴패션으로 이양하기로 결정했습니다. 약 7,800명의 1:1어린이 양육 후원자와 단기, 정기 후원자들이 미국컴패션으로 이양되었습니다. 국제컴패션 안에서 어린이들이 받는 혜택은 달라질 게 없어 축복하는 마음으로 이양했습니다. 마음속에 이런 생각이 들었습니다.

'주는 자가 받는 자보다 복되다.'

하나님께서 뭔가 하시려는가 싶은 기대감이 생겼습니다.

그러던 어느 날, 차인표 씨가 텔레비전 토크쇼에 출연하기로 했다고 연락해왔습니다. 여러 프로그램으로부터 출연 섭외를 받아왔지만 그동안 거절해왔던 그였습니다. 방송사에서 설득하는 방법도 여러 가지였는데, 그 중에는 차인표 씨가 어린이 후원을 많이 하는 것을 알고 그 뜻을 잘 살려서 방송하겠다고 말하기도 했습니다. SBS의 한 프로그램의 제작부에서 일하는 최영인 CP가 출연 제의를 했을 때도 그는 생각해보겠다고만 말했습니다. 그럼에도 최영인 CP는 후원신청서를 달라고 해서 어린이를 결연했고 차인표 씨는 그녀의 진심을 볼 수 있었습니다.

차인표 씨는 그녀에게 컴패션을 설명하고 프로그램의 출연을 결정했습니다. 이 소식에 바로 직원들이 자발적으로 참가하는 릴레이 금식 기도가 시작되었습니다. 이를 통해 많은 어린이들이 후원자를 만날 수 있기를 간절히 기도했습니다.

저는 이참에 방송을 보고 후원하고자 하는 사람들이 전화할 수 있도록 결연 방법이 안내되었으면 좋겠다는 기대감을 드러냈습니다. 그러자 담당 직원들은 이 프로그램이 모금방송이 아니어서 어려울 것이라고 했습니다. 그래도 기관이 드러날 수 있는 방법이 있기를 바라며 기도를 계속해갔습니다.

마침 차인표 씨는 제작진 측에 시트콤 촬영이 있어 가까운 서울에서 찍었으면 좋겠다는 의견을 냈고, 장소로 컴패션 건물을 추천했습니다. 제작진은 와서 보더니 좋다고 했습니다. 건물 곳곳에 희망을 찾은 어린이 사진을 걸었습니다. 기관 이름이 직접적으로 나갈 수는 없었지만 누구라도 컴패션 사진을 보면 눈치 챌 수 있을 정도였습니다.

직원들에게 이야기했습니다.

"후원을 기다리는 어린이 자료를 더 많이 준비하세요."

현지에서 후원이 필요한 어린이를 많이 받고 난 뒤 책임을 다하지 못하면, 어린이들이 후원 받지 못한 상태에서 오랫동안 기다리게 되어 현지는 물론 컴패션 전체에서 혼선이 빚어집니다. 직원들 중에는 이 어린이들이 다 후원자를 만나면 좋겠지만, 결과가 어떨지 모르기 때문에 너무 많은 어린이를 한국에 등록시키는 게 걱정이라는 의견을 내놓기도 했습니다. 저도 살짝 걱정이 되었지만, 안 되면 하나님이 손해라는 생각에 그대로 진행하기로 했습니다.

차인표 씨의 초대손님으로는 그의 멘토인 구두닦이 김정하 목사님의 출연이 결정되었습니다. 인지도가 전혀 없는 일반인이라 출연이 가능할까 싶었는데, 제작진은 기존의 김정하 목사님이 구두를 닦던 영상을 보고 출연을 결정했습니다.

마침내 촬영 당일이 되었습니다. 촬영 현장을 지켜보던 직원이 중간에 분위기를 알려 왔습니다.

"촬영장 분위기가 너무 따뜻하고 감동적이에요."

감동적인 촬영 도중 진행자인 김제동 씨가 조용히 후원신청서를 가져가 어린이를 결연한 일은 나중에서야 알게 되었습니다. 이경규 씨도 방송 중에 농담 반 진담 반 결연을 약속하더니 진짜 어린이 돕기에 나섰습니다.

저는 일정이 있어 촬영이 거의 끝나는 시간에 도착했습니다. 차인표 씨는 가슴속에 있는 어린이를 향한 사랑을 이야기하며 촬영장을 훈훈하게 만들어놓고 있었습니다. 그 모습에 저도 같이 따뜻함을 느끼고 있었는데, 제작진이 제게 와서 감동에 젖은 얼굴로 이야기했습니다.

"대표님, 선물이 있습니다. 컴패션 후원 안내를 넣기로 했습니다."

방송국으로서는 이례적인 결정이었습니다. 그리하여 조용히 휴대전화 속에 묻혀 끝내 세상에 빛을 발할 수 없을 것 같았던, 차인표 씨의 '가슴으로 부른 노래'가 방송 말미에 나오게 되었습니다. 이미 준비된 어린이 결연을 위한 전화번호까지 적힌 영상이었습니다.

그리고 또 다른 소식이 들려왔습니다. 처음에는 한 회 방송만 예상하고 촬영했는데 편집을 하다 보니, 내용이 재미있어 급작스럽게 한 주 더 방송이 결정된 것입니다. 이로써 어린이가 후원자를 만날 기회가 한 번 더 늘어났습니다. 하나님께서 주는 자가 복되다고 하신 지 얼마 되지 않을 때였고, 차인표 씨가 하루에 한 생명을 놓고 기도한 지도 오래되지 않을 때 일어난 일이었습니다.

첫 방송 당일, 밤 12시가 넘어 방송이 끝났습니다. 전 직원이 자리에 앉아 같이 방송을 보고 대기했습니다. 전화기 앞에 숨죽인 채 방송을 보고 난 뒤, 마침내 전화번호가 화면에 비쳤습니다. 순간 일제히 전화벨이 울리기 시작했습니다.

"어, 아직 퇴근 안 했나요?"

밤에 전화를 받자, 전화를 걸어놓고도 놀라는 분들도 있었습니다.

"저도 한 어린이를 후원하겠습니다."

이름도 처음 들어본 도서 벽지에서 전화를 주신 할머니, 우울증으로 세상을 비관하던 택시 기사님, 신용불량자이지만 어린이 결연을 신청하고 싶다는 분 등 자신도 살기 힘들고 어려운 상황에서 어린이들을 후원하겠다는 많은 분들을 만났습니다.

2회 방송 때에는 그전 '사랑의 리퀘스트' 방송 때 한 번 뭉쳤던 후원자들이 다시 한 번 함께 전화상담을 맡았습니다. 한 번 이런 일을 경험한 후원자들은 더욱 능숙하게 이 일을 해냈고, 또한 전화선이 증설된 담당부서도 그때의 경험을 되살려 더욱 잘 준비를 해주었습니다. 이후 거듭된 재방송 때마다 전화벨이 울렸습니다. 또한 전국 학교에 이때의 영상이 배포되어 학생들과 선생님들도 이 감동을 다 같이 누릴 수 있었습니다.

이 모든 일이 한 사람의 소박한 기도에서 시작되었습니다. 발로 뛰어 어린이를 결연하겠다고 기도하고 그게 잘 안되어서 안타까워하던 한 사람을 통해 2주 만에 1만여 명의 어린이들이 후원자를 만나게 되었습니다. 순식간에 일이 커졌고 그만큼 결과도 컸습니다. 평소라면 단 2주 동안 이런 일을 해낼 수 없었을 것입니다.

그때서야 알았습니다. '사랑의 리퀘스트' 때 홈페이지, 시스템, 후원 문의 등 준비되었던 경험이 불가능한 일을 가능하게 했습니다. 하나님께서 미리 준비시켜주셨고, 우리로 사랑의 잔치를 누리고 경험할 수 있게 해주셨습니다.

만 명의 고아들을 먹여 살리면서 수천 번 기도 응답을 받았다는 조지 뮬러가 생각났습니다. 우리의 기도는 이 한 번의 방송으로 얼마나 많이 응답을 받았는지요. 축복을 받을 때 손을 움켜쥐지 말라는 하나님의 마음이 느껴졌습니다. 과연 하나님께서는 어린이 숫자에 기뻐하지 말고 수많은 어린이들이 따뜻하고 너그러운 예수님 품으로 달려가 새로운 생명으로 살아나는 것을 기뻐하라고 하셨습니다. 텅 비어 있던 교회가 어린이들의 웃음소리로 가득 차는 것을 상상하면 저절로 무릎이 꿇어지며 한없는 감사가 터져나왔습니다.

일요일의 기적

　　　　한국컴패션은 첫 해 220명의 어린이를 양육했습니다. 10년 뒤에는 12만 명 이상의 어린이를 후원할 수 있게 되었고, 후원 규모는 11개 후원국가 중 2위가 되었습니다. 컴패션 안에서 한국이 기적의 주인공이 된 것은 단순히 도움을 받는 나라에서 도움을 주는 나라가 된 것만을 의미하지 않습니다.

10년 동안 한국컴패션 역사에는 하나님께서 고아와 과부들을 돌본 수많은 기적의 흔적이 숨어 있습니다. 특별히 하나님께서는 교회를 통해 많은 일들을 이루고 계십니다. 주일예배 때마다 문을 열어 주셔서 컴패션 선데이를 진행했던 수많은 교회와 이 부르심에 응답해주었던 성도님들을 통해 하나님 아버지의 사랑을 흘러가게 하셨습니다.

예전에 와싱톤중앙장로교회 노창수 목사님(현 남가주사랑의교회), 미국 열린문장로교회 김용훈 목사님, 예능교회 조건회 목사님과 함께 엘살바도르로 비전트립을 갔습니다.

이분들과 어린이 가정 방문을 갔는데 우리를 집 안이 아니라 마당으로 안내했습니다. 알고 보니 그 아이가 사는 곳은 다른 집 마당에서 자라는 큰 나무를 기둥 삼아 합판으로 얼기설기 엮어 놓은 공간이었습니다. 도저히 집이라고 볼 수 없는 곳에 세 아이와 어머니가 살고 있었습니다. 10분가량 그 안에 앉아 있던 목사님들은 목에서부터 발끝까지 온몸이 벌레에 물렸지만, 이곳에 살고 있는 아이들 생각하니 내색조차 할 수 없었습니다. 이 좁은 공간에 모든 식구가 다 누울 수 없어 밤에는 두 아이가 나가서 잔다고 했습니다.

아이들의 어머니인 릴리안은 자신의 이야기를 들려주었습니다. 먹고 살 길이 없어 도시로 올라온 지 얼마 되지 않았을 때, 그녀의 남편이 길에서 아무 잘못도 없이 총에 맞아 살해되는 아픔을 겪었습니다.

"하지만 두 아이가 후원을 받게 되었고 교회에서 저에게 신발을 풀로 붙이는 일감을 주었지요. 정말 감사해요."

릴리안의 표정에서 교회와 후원자를 향한 감사가 물씬 묻어 나왔습니다. 그런 릴리안에게 같이 간 목사님들이 의기투합해 집을 지어주기로 했습니다. 즉시 조사를 시작하니 집은 300여 만 원이면 짓는데 땅값이 1,700만 원 정도 든다고 했습니다. 현지에서 집을 지어주려면 땅

문제가 반드시 해결되어야 합니다. 그렇지 않으면 좋은 집을 탐낸 이웃과 친척들에게 빼앗겨 전보다 더 열악한 상황에 처하게 되기 때문입니다.

예상보다 땅값이 비싸서 목사님들이 고민에 빠졌습니다. 이 돈이면 다른 어린이들을 돕는 것이 하나님 앞에 바른 일이 아닌가 싶었던 거지요. 또 집을 지어주었을 때, 간혹 다급한 상황에 처하면 집을 팔아 아이를 데리고 양육을 포기한 채 도망가는 경우도 있다는 말을 듣기도 했습니다. 이 모든 경우를 고려해야 하는 상황 앞에 분명한 것은 "고아와 과부를 도우라"는 하나님의 말씀이 있었기에 세 목사님의 기도가 시작되었습니다. 그들은 어떻게 할지 다시 한 번 기도하며 결정할 것을 약속하고 현장을 떠났습니다.

다음 날, 촬영팀이 부족한 인터뷰를 추가로 하기 위해 릴리안 집에 다시 갔습니다. 호기심에 동네 사람들이 웅성웅성 모여 있었는데, 촬영팀은 이런 상황을 이미 겪었던 터라 그러려니 하고 있었습니다. 그런데 웅성거리는 소리가 더욱 커지더니 그 소리가 점점 더 가까워졌습니다. 촬영팀이 무슨 일인가 싶어 고개를 들었습니다. 그때 멀쑥한 차림의 위풍당당한 한 남자가 그들에게 다가와 무슨 일을 하느냐고 물었습니다. 당황한 촬영팀이 통역을 통해 남자에게 상황을 설명해주었습니다. 알고 보니 그는 근처를 지나가던 그 도시의 시장이었습니다.

"한국 목사님 세 분이 와서 이 가족을 위해 집을 지어주기로 했는데 땅값이 너무 비싸서 고민이라고 합니다."

시장은 큰 소리로 옆에 있는 사람들에게 뭐라고 말을 했습니다. 그는 한국이라는 먼 나라에서 온 외국인이 이 나라 과부와 어린이들을 위해 집을 지어줄 생각을 하는데, 우리가 가만히 있으면 안 된다며 목소리를 높였던 것입니다.

결국 시장은 시 소유의 땅을 그냥 주겠다고 했습니다. 그것도 무려 30 채를 지을 수 있는 땅을 줄 테니 집을 지으라는 것이었습니다. 그렇게 해서 이 지역 모든 과부와 어린이들의 집을 지을 수 있게 되었습니다.

2006년 11월이었습니다. 6천 명이 넘는 어린이가 단 하루에 결연되어 전 세계 컴패션을 발칵 뒤집어놓은 사건이 한국의 한 교회에서 일어났습니다.

당시 서울 서빙고 온누리교회 담임목사님이셨던 고(故) 하용조 목사님은 한국컴패션 설립 때, 1:1어린이결연 방식에 대해 우려를 표하신 분들 중 한 분이셨습니다. 하지만 목사님은 한국컴패션이 잘 정착하길 바라는 마음으로 CGN TV와 〈빛과소금〉에 저를 소개해주셔서 인터뷰가 나가곤 했습니다. 그런데 거기서 그치지 않고 교회에서 컴패션 선데이를 허락해주신 것입니다.

기쁘고 감사한 마음이 컸지만 한 편에서는 걱정도 컸습니다. 우리가 이 것을 잘 감당할 수 있느냐가 문제였기 때문입니다. 당시 한국컴패션은 직원이 스무 명도 안 되었고 하루 결연되는 어린이가 열 명을 조금 넘어설 때였습니다. 국제컴패션에서도 우려의 목소리를 높였습니다. 직원 한 명이 후원신청서를 처리하는 속도로 봤을 때, 그 정도라면 몇 달을 걸려도 완료할 수 없다고 했습니다.

사실 당장 예배 현장에서 후원신청서를 걷을 사람도 부족했습니다. 하지만 하나님이 허락하셔서 결연될 것을 바라보고 미리 준비해놓아야 한다는 생각이 들었습니다. 직원들과 함께 기도했습니다. 그리고 자원봉사자들과 아르바이트생들을 모아놓고 훈련에 돌입하는 한편, 수십 대의 컴퓨터를 임대해놓았습니다. 컴패션밴드가 예배 때 특별공연과 간증을 하며 후원신청서를 걷고 볼펜을 나눠드리는 일을 맡았습니다.

드디어 온누리교회 서빙고 본당에서의 예배가 시작되었습니다. 하루 여섯 번의 예배가 모두 컴패션 선데이로 열렸습니다. 교회에서는 주보 사이에 후원신청서를 넣었습니다. 예배 시작과 함께 하용조 목사님이 강대상에 올라가 후원신청서를 들고 외쳤습니다.

"여러분, 주보 안에 있는 결연서 꺼내서 다 흔들어보세요. 하나님이 기뻐하시는 일입니다. 이거 쓰지 않으면 저 문 밖으로 못 나가시는 겁니다."

예배당 안의 모든 성도님들이 후원신청서를 흔드는 장관이 펼쳐졌습니다. 우리는 하용조 목사님이 그렇게 말씀하실 줄 생각지도 못하고 있다가 너무 감사해 코끝이 찡했습니다.

설교와 간증, 공연이 진행되면서 예배 때마다 후원신청서가 수북이 쌓였습니다. 여섯 번째 예배를 마친 뒤, 저와 컴패션밴드는 목이 쉬거나 다리가 아픈지도 모른 채 정신없이 후원신청서를 걷었습니다. 선 씨도 새벽부터 아기를 업고 나와 이 일을 거들었습니다. 성도님들의 뜨거운 반응과 열렬한 응원에 매번 눈물이 핑 돌았습니다.

결국 약정이 8천여 건, 실 결연이 6천여 건이라는 어마어마한 일이 일어났습니다. 전 세계 컴패션 역사에 이례적인 사건이었습니다.

6년 후 다시 온누리교회에서 컴패션 선데이가 진행되었습니다. 이번에는 양재성전을 비롯해 전국의 온누리교회 지교회가 나섰습니다. 하지만 이재훈 목사님이 담임목사님으로 부임하신 지 얼마 안 된 때였고, 교회 안에서도 여러 사역에 필요한 헌금과 선교헌금이 줄어들 것이라는 우려의 목소리가 있었습니다. 기도 가운데 이재훈 목사님과 양재성전의 박종길 목사님의 지지로 일이 성사되었고 전국 지교회가 다 문을 열었습니다. 그 결과 총 1만여 명의 어린이가 결연되는 놀라운 기적이 펼쳐졌습니다. 그리고 참으로 감사하게도 이후 비전헌금과 선교헌금을 계산해보니 이전보다 오히려 더 많이 걷혔다는 소식이 들려왔습니다.

한국컴패션의 지난 십 년은 하나님이 보내주신 무수히 많은 후원자들과 교회, 성도님들이 함께 지어간 현장입니다. 저는 이분들이 진짜 한국컴패션의 대표들이라고 생각합니다. 이분들과 함께하면서 하나님께서는 제가 진짜 해야 할 일이 무엇인지 가르쳐주셨습니다.

한 기관의 대표가 되면서 매순간 중요한 선택을 내려야 하는 상황을 맞이하곤 했습니다. 더군다나 생명을 살리는 일이다 보니 감정적인 무게감이 달랐습니다. 쓰레기산 옆 고인 구정물에 갓 태어난 아기를 씻기는 십대 엄마를 보면 당장이라도 달려가 깨끗한 집을 지어주고 싶습니다. 하지만 그럴 때에도 바른 판단을 내리고 있는지 자문해야 했습니다. 이 어머니에게 제일 중요한 게 집인지, 교육인지, 의료혜택인지, 직업훈련인지 말입니다. 한정된 돈과 현지 사정 안에서 생각하고 판단해야 하는 것입니다.

이럴 때 저는 직원뿐 아니라 후원자들 중에 전문가들의 의견을 들으며 무엇이 가장 좋은 선택인지 찾아갑니다. 더 많이 참여할수록 더 많은 의견들이 취합되고 선택의 폭도 넓어집니다. 후원자들은 컴패션에 대해 이해도가 높아지고 직원들은 후원자의 폭넓은 경험과 전문성을 공유합니다. 나중에는 누가 직원이고 누가 후원자이고 누가 대표인지 중요하지 않은 경우가 다반사입니다.

처음 컴패션 사역을 시작할 때는 난관을 만나게 되리라고는 예상하지 못한 채 당시 갖고 있던 것, 보이는 것에 의지했습니다. 하지만 하나님께서는 그것을 버리고 하나님만 보게 하셨습니다. 아무것도 보이지 않아도 본질이 무엇인지 깨닫게 하셨습니다.

지금까지 경험한 바로는 매순간의 깨달음이 사역을 확장시켜온 것 같습니다. 환경이나 다른 사람이 변화되기를 바라는 것이 아니라, 바로 내가 변하고 깨달음을 얻을 때, 그리하여 내 것을 버리고 하나님 것을 취할 때 하나님은 그때마다 사람을 보내주셔서 당신의 일을 해나가셨습니다.

흐르는 개울을 막으면 고인 물이 되어 바로 썩을 것입니다. 다른 물이 흘러 들어오고 나가는 일은 분명 힘들고 고통스럽습니다. 수백 가지 생각과 의견들이 맞부딪칩니다. 기다려야 할 때도 있고, 누군가 밀고 나가야 할 때도 있습니다. 물론 저는 이 가운데서 본질을 잘 찾아가야 합니다. 그럴수록 저를 믿고 따라오는 직원들은 힘들어질 수도 있겠지요. 하지만 이 자체에 가치가 있다면, 때로는 고생스러워도 지켜내야 합니다. 이 모든 일은 하나님이 하셔야 해결이 됩니다. 하지만 하나님께서는 당신의 자녀들과 함께 일하기를 원하시고 그 안에서 자녀들이 하늘의 기쁨을 누리기 원하시는 것 같습니다.

결국 생명을 살리는 일은 천국 잔치이기 때문입니다. 열려 있는 이 잔치에 더 많은 사람들이 참석해 아버지의 마음을 나눌 때 잔치를 배설한 주인은 더욱 기뻐하실 것입니다.

나의 사랑하는 준,

생일 축하해!

너는 하나님께서 우리 가정에 허락하신 특별한 딸이란다.

생일을 맞아 하나님의 놀라우신 축복이 준과 함께하기를 기도 드린다.

준은 영원히 아빠의 특별한 셋째 딸로 남을 거야.

학교 공부는 어떻게 하고 있니?

기도 열심히 하면서 공부도 열심히 하길 바라고

학교생활도 재미있게 했으면 좋겠구나.

우리 가족은 새로운 소식이 있는데, 바로 강아지 한 마리를 기다리고 있는 거야.

아빠와 엄마 희수는 몇 주 전에 그 강아지를 처음 보고 집에 데려오기로 했지.

강아지 사진을 찍어서 보낼게.

항상 고마워. 하나님께서 준과 준의 가족을 축복하시길 바란다.

어머니와 여동생에게 아빠의 안부를 전해주렴.

언제나 준을 위해 기도하고 있단다.

2012년 2월 16일
한국에서 아빠 엄마가.

사랑하는 아빠,

안녕하세요! 잘 지내고 계신가요?
제 생일을 진심으로 축하해주시고 저를 친딸로 여겨주셔서 정말 감사해요.
이번에 학교에서 프로그램이 진행 중인데요,
저와 반 친구들이 함께 무대에서 노래를 부르게 되었답니다.
너무 설레요. 그리고 저는 모든 과목에서 통과를 받았답니다.
저희 가족들은 무사히 잘 지내고 있습니다. 엄마는 이제 일을 하세요.
보내주신 편지들과 저희 가족을 위한 기도, 언제나 감사합니다.
저도 아빠와 아빠의 가족을 위해 매일 기도하고 있어요.
저와 저희 가족 모두 항상 건강할 수 있도록 기도해주세요.
그리고 엄마가 계속해서 일할 수 있도록 기도해주세요.
아빠 생신은 언제인가요?
강아지에게는 어떤 이름을 지어줄 건가요?
축복해요. 그리고 보고 싶어요.

2012년 4월 15일
당신의 소중한 딸, 준 마리 올림.

"사랑은 오래 참고 온유하며

시기하지 아니하며 사랑은 자랑하지 아니하며 교만하지 아니하며"

고린도전서 13장 4절

나의 사랑하는 준,

너에게 편지를 쓴 지 한참 됐구나.
에콰도르와 필리핀 출장을 마치고 이제 막 돌아왔어.
너와 같은 어린이들을 많이 만났단다. 아이들과 함께 어울리고,
그들의 가족들을 만나면서 즐거운 시간을 많이 보냈어.
그 아이들을 만날 때 내 마음 속에 네가 떠오르면서
어떻게 지내는지 궁금해지더구나.
교회에서, 그리고 학교에서 잘 지내고 있니?
어머니와 여동생은 어떻게 지내고 있어? 너를 위해 기도하고 있단다.
이번 여름에는 막내아들이 대학 진학을 위해 미국으로 떠나게 되어
아주 특별한 여름이 될 것 같다.
우리 가족은 텅 빈 둥지 같겠구나. 아들이 최선을 다할 수 있도록 기도한단다.
사랑하는 준, 준은 대학교에 가려고 계획하고 있니?
만약 그렇다면 고등학교 졸업은 언제 하니?
내가 너무 많은 질문을 한꺼번에 하는구나.
너에 대해 많이 알고 싶어서인 것 같다. 아빠는 너를 사랑한단다.
너는 항상 내 기도제목이야.
하나님께서 축복하시고 부디 준의 가족에게 특별한 은혜를 주시기를 바란다.

2013년 2월 28일
한국에서 아빠가.

사랑하는 아빠,

안녕하세요. 아빠!

아빠와 가족 들 모두 잘 지내시죠? 아빠와 오빠들이 방문 한다니 정말 설레요.

저는 지난주부터 계속 아파서 심지어 센터 수업도 가지 못했답니다.

그래도 지난 4월 8일부터 13일까지 열렸던

어린이센터 여름 캠프에는 참여할 수 있었어요.

창조주 하나님을 온 기쁨으로 예배하는 자리였답니다.

저희 어머니는 아직도 우리가 살 셋집을 찾고 계세요.

여동생은 당분간 이모와 살게 되었는데 건강히 잘 지낸답니다.

내후년은 제가 졸업하는 해랍니다. 대학교에 갈 생각을 하니 벌써부터 설레요.

제가 대학교에 등록하고, 선생님이 되기 위한 과정을 걷게 될 날들이

정말이지 손꼽아 기다려진답니다.

아빠, 아빠의 도움 그리고 보내주신 선물 모두 감사해요.

덕분에 저뿐 아니라 저희 가족 모두 행복하답니다.

아빠의 막내아들도 대학교에 갈 수 있으리라 믿어요.

하나님께서 함께하실 테니까요. 그리고 하나님께서 제 기도를 들으시듯

아빠의 기도에도 응답하시리라 믿어 의심치 않아요.

저와 가족이 머무를 집과 건강을 위해 기도해주세요.

그리고 저희 엄마가 일을 구할 수 있도록 기도해주세요.

이번 여름은 어떻게 보내실 건가요? 재미난 일을 계획하셨나요?

축복해요! 아빠와 아빠의 가족 모두를 위해 항상 기도할게요.

사랑해요 아빠.

2013년 5월 8일

사랑하고 아끼는 마음을 담아, 준 마리 올림.

June Marie

PART 5

아버지를 닮아가는 축복

Thank
you and
God Bless
you

어디까지 사랑할 수 있나요?

        2007년에 에티오피아의 첫 번째 1:1 리더십결연프로그램을 다니고 있는 대학생 '엔다카츄'를 위해서 기도해달라는 메일이 왔습니다. 엔다카츄는 에티오피아 최고의 대학인 아디스아바바대학 약대에 입학해 가난에 시달리는 동포들을 돕는 약학 전문가가 되겠다는 꿈을 가진 청년이었습니다.

그런 그가 결핵 중에서도 가장 치사율이 높은 '다약제저항성결핵'을 진단받았습니다. 당시 에티오피아에 이 병에 대한 치료제가 없어서 전 세계 컴패션에 도움을 청했습니다. 그 결과 그를 위한 특별 기금이 마련되었지요. 어린이 후원금 외에 다른 기금 형태의 양육보완프로그램에서 지원이 되었습니다. 캐나다컴패션 직원이 2천 달러나 하는 주사기

30개를 싣고 에티오피아로 한 달에 한 번씩 가야 했습니다. 전 세계 컴패션이 그가 부작용 없이 치료되어 건강한 모습으로 만날 수 있기를 기도했습니다.

같은 해 말, 저는 한국 후원자들과 함께 에티오피아를 방문하게 되었습니다. 후원자들은 대개 센터에서 처음 어린이를 만났을 때를 가장 감격적인 순간으로 꼽지만 컴패션에서 잘 자란 대학생들을 만나는 순간도 그에 못지않게 감동적입니다. 오랜 시간 후원자의 사랑과 관심을 받으며 그들은 건강하고 균형 잡힌 신체와 지성과 성품을 갖추게 되고, 자신의 환경을 뛰어넘어 나라를 바꿀 건강한 젊은이들로 성장해갑니다. 후원자들은 학생들을 만나면 더욱 구체적인 미래를 꿈꿀 수 있게 되고 그만큼 보람을 느끼게 되지요.

이날 1:1 리더십결연프로그램 대학생들과의 만남은 아디스아바바대학 운동장에서 이루어졌습니다. 많은 컴패션 출신들이 에티오피아에서 손꼽히는 이 대학에 다니고 있었습니다. 푸르른 운동장 한 켠에서 후원자들과 에티오피아를 책임질 리더십으로 성장하고 있는 대학생들이 만나면서 하나님의 크신 사랑을 더욱 느끼는 것 같았습니다.

그런데 운동장 한쪽 끝에서 삐걱거리는 휠체어 한 대가 우리 쪽으로 다가왔습니다. 낡은 휠체어는 금방이라도 폭삭 주저앉을 것처럼 휘청거렸고, 휠체어에 앉아 있는 젊은 청년은 초점을 잃은 눈동자에, 몸은 가죽만 남은 듯 여위어 축 늘어져 있었습니다.

"우리 아이를 고치려고 애써주셔서 정말 감사합니다."

휠체어를 밀고 온 그의 어머니가 우리에게 말했습니다. 기운 없는 목소리와는 달리 눈에는 말할 수 없는 감사가 담겨 있었습니다. 하지만 저는 기가 막혔습니다. 휠체어에 앉아 우리를 제대로 보지도 못하는 그가 바로 전 세계 컴패션에서 열심히 기도했던 엔다카츄였습니다. 마음속으로 몹시 화가 났습니다.

'아니, 매달 2천 달러를 들여서 주사기를 공수해 치료를 받았는데 이런 모습으로 나타나다니! 항공비와 인력만 따져도 대체 얼마야! 그만큼 했으면 말끔하게 치료되어서 나타났어야지.'

분노인지 한숨인지 모를 질문이 스스로에게 던져졌습니다.

'이렇게 한 사람을 위해 노력하는 것이 하나님 앞에 맞을까?'

이런 제 속마음과 상관없이 함께 온 후원자들은 엔다카츄의 가냘픈 몸에 손을 대고 간절히 기도하기 시작했습니다. 간절함으로 터져 나오는 그들의 기도를 들으며 저도 마지못해 기도 대열에 합류했습니다.

그러는 동안에도 사실 기도에 집중할 수가 없었습니다. 바로 전날 은토토 산에서 벌목 노예로 일하는 어린이들이 머릿속에서 떠나지 않았기 때문입니다. 자기 몸무게보다 훨씬 무거운 나뭇짐을 지고 가파른 산을 하루 종일 오르내리고 있는 아이들을 보며 제가 그곳 담당자에게 물었습니다.

"컴패션에 아이들이 더 들어와야 하지 않나요?"

"어린이센터 몇 개가 있지만 이곳에만 백만 명이 넘는 아이들이 있습니다. 다 감당할 수가 없어요."

7년 동안 계속된 기근으로 산에는 나무도 거의 없어서 어린이들은 자꾸만 더 높은 곳으로 올라가야 했습니다. 한 번 물을 길어오려면 10킬로미터가 넘게 모래 바람을 맞으며 걸어야 했습니다. 후원자들과 함께 축구를 하려고 하는데 웬일인지 아이들이 움직이지 않았습니다.

"뛰면 기운이 없어져요."

이런 현장을 돌아보고 난 다음 날 엔다카츄를 만났던 터라 더 화가 나고 속이 상했습니다. 그날 밤에 모두 모인 자리에서 제 마음을 고백하며 말했습니다.

"솔직히 이게 옳은지 잘 모르겠습니다."

그로부터 일 년 후, 차인표 씨와 한학수 PD가 방송 때문에 에티오피아를 방문했을 때 엔다카츄를 만났습니다. 그는 손에 종이 한 장을 흔들면서 두 발로 씩씩하게 달려오고 있었습니다.

"사랑합니다! 감사합니다! 여러분이 저를 살렸습니다!"

의사의 완치 진단 소견서였습니다. 엔다카츄는 복학하여 공부를 계속할 수 있었고, 결국 약사가 되어 꿈을 이루었습니다.

한 어린이를 도우려 할 때, 우리는 질문하게 됩니다.

'언제까지, 어떻게 도울 수 있을까?'

이 질문 앞에 저는 효율성의 잣대를 들이댔습니다. 그런데 엔다카츄가 꿈을 이룬 이야기를 들으며 저는 제 질문과 고민에 대한 답과 상관없이 잔잔한 감동을 받았습니다. 죽어가던 한 젊은이를 위해 전 세계 컴패션이 하나되었고, 이를 기뻐하신 하나님이 그를 살리셨습니다.

하나님께서 품으시는 한 어린이의 가치 앞에 제가 생각한 효율성의 잣대를 들이밀 수는 없었습니다. 하나님 안에서 한 사람의 가치는 언제나 절대적이었습니다. 하나님은 우리가 그 한 사람을 예수님이 하셨던 것처럼 함께 아파하며 끝까지 사랑하길 바라셨고, 그것이 '컴패션'이었습니다.

나의 이웃은 누구인가?

많은 분들이 다른 이를 돕고자 하는 마음을 갖고 있습니다. 우리에게 넉넉함이 있어서가 아니라, 하나님이 우리의 마음속에 선한 양심을 넣어주셨기 때문입니다. 특히 예수님을 닮아갈수록 이웃을 향한 하나님의 마음을 소유하게 됩니다. 그때 우리는 두 가지 질문을 합니다.

"나의 이웃은 누구인가?"

"그 이웃과 언제까지, 어떻게 함께 해주어야 되는가?"

누가복음 10장에 보면 예수님과 제자들이 길을 가는데 율법교사가 질문을 던집니다.

"선생님, 제가 무엇을 해야 영생을 얻을 수 있습니까?"

예수님은 율법교사가 잘 알고 있는 말씀에 대해서 묻습니다.

"성경에 이것에 대해 무엇이라고 적혀 있고, 너는 그것을 어떻게 이해하고 있느냐."

그는 자신 있게 대답했습니다.

"하나님을 사랑하고 이웃을 사랑하라고 했습니다."

"너의 말이 옳도다. 그렇게 살라. 그러면 너는 영생을 얻으리라."

율법교사가 잠시 자신의 삶을 검토해봅니다.

'과연 나는 얼마만큼 하나님을 사랑하고 이웃을 사랑했는가? 완전하지는 않지만 그래도 할 만큼 한 것 아닌가? 교회도 열심히 다니고, 헌금도 빼먹지 않고 내고, 나름대로 이웃 사랑도 했으니 이 정도면 괜찮지.'

이런 결론을 얻은 그는 예수님께 인정받기 위해 조금 진전된 질문을 다시 던집니다.

"그러면 나의 이웃은 누구입니까?"

예수님은 이 사람에게뿐 아니라 우리 모두에게 참된 이웃 사랑이 무엇인지를 가르쳐주기 위해 한 가지 이야기를 들려주십니다.

예루살렘을 떠나서 여리고로 향하는 한 청년이 있습니다. 예루살렘이 출발지라고 한다면 그는 유대인일 가능성이 매우 높습니다. 그런데 그가 길을 가던 도중 강도를 만났습니다. 강도들은 그의 옷을 벗기고 때려 거의 죽은 것을 길에 버리고 갔습니다.

마침 이 앞을 첫 번째로 제사장이 지나갑니다. 그러나 보고 피합니다.

두 번째로 레위인이 지나갑니다. 그 역시 보고 피하여 지나갑니다. 이들은 당시에 말씀대로 살려고 누구보다 애쓰는 인물들이었습니다. 세 번째로 사마리아인이 그 앞을 지나갑니다. 사마리아인은 유대인과 이방인의 피가 섞였다는 이유로 유대인으로부터 멸시와 천대를 받았습니다.

그런데 사마리아인인 그가 원수와 같은 유대인을 '불쌍히 여겨' 기름과 포도주를 그 상처에 붓고 싸매고 자기 짐승에 태워 주막으로 데리고 가서 돌보아줍니다. 게다가 떠날 때에는 주막 주인에게 돈을 주며 이 사람을 돌보아주고 혹 비용이 더 들면 자신이 돌아올 때 갚겠다고까지 합니다.

왜 사마리아인은 아무 상관없는, 아니 원수와 같은 자를 이토록 선하게 대할까요? 이것은 마치 예수 그리스도가 죄인인 우리에게 오셔서 도저히 끊을 수 없는 사랑을 보여주신 것을 떠올리게 합니다. 누가복음 10장 33절에 보면 사마리아 사람이 그를 불쌍히 여겼다고 나옵니다. 이때 '불쌍히 여겼다'에 해당하는 단어가 바로 '컴패션(Compassion)'입니다.

컴패션은 '패션(Passion)'과 '컴(Com)' 두 단어가 합쳐서 만들어진 복합어입니다. 'Passion'은 '열정'이라는 뜻도 있지만 다른 의미로는 '수난', '고통'이라는 의미도 있습니다. 여기서는 후자를 뜻하는 것으로, 예수 그리스도가 십자가에 달리셨던 바로 그 수난을 의미합니다. 'Com'은 함께한다는 뜻을 지니고 있습니다. 즉, 'Compassion'은 '함께 아파하는 긍휼한 마음'을 의미합니다. 고통받는 자와 끝까지 함께하시는 예수님의 마음이 바로 컴패션입니다.

사마리아인이 이 마음을 가졌습니다. 강도 만난 자는 무기력한 존재입니다. 누군가의 도움이 없으면 살길이 없었습니다. 하나님은 무기력하면 할수록, 그 자와 함께하기를 원하십니다. 자녀를 가진 부모라면 아버지 되신 하나님께서 품으신 그 마음을 더 잘 이해할 것입니다. 부모라면 어떤 희생을 치르고서라도 자녀를 위해 모든 사랑을 쏟아부을 것입니다.

함께 아파하는 마음

한국컴패션 초기에 저는 스태포트 전 컴패션 총재에게 몇 가지 질문을 했습니다.

"어린이들의 사진을 보니 표정이 모두 밝고 옷차림도 깨끗해서 전혀 도움이 필요한 것 같지 않습니다. 후원자들이 이 사진을 보고 도와줄 마음이 들지 않으면 어떻게 합니까?"

그가 대답했습니다.

"만약 당신의 아이가 영양실조로 삐쩍 말라 배만 불룩 나와 있는데 사진을 찍고 나서 도움을 주겠다고 하면 그 사진을 전 세계에 배포할 수 있겠습니까? 진짜 부모는 자녀를 그렇게 보지 않습니다. 그래서 우리는 아이가 하나님을 만나고 건강해져서 본래의 아름다운 모습을 사진에 담길 원합니다. 그리고 어머니에게 꼭 허락을 받고 후원자에게 사진을 보내지요. 우리는 어린이의 지금 모습이 아니라 하나님이 원래 원하셨던 모습으로 바라보기를 원합니다."

연약하고 힘없는 어린이들이지만 하나님은 그 영혼의 가치를 존귀하게 대해주시며 사랑의 눈빛으로 그들을 바라보고 계십니다. 컴패션은 이러한 하나님의 마음으로 양육하는 방법에 대해 고심했습니다. 그것이 바로 1:1어린이양육입니다.

1954년 컴패션이 한국의 어린이들을 대상으로 시작한 1:1 결연은, 한 후원자나 한 가정 또는 한 교회가 한 어린이와 1:1로 연결되어 양육하는 방식이었습니다. 후원자가 한 어린이를 결연하면, 매월 어린이의 양육에 필요한 돈을 후원금으로 보내고 후원자와 어린이는 편지를 주고받았습니다. 후원자는 이 어린이를 가족으로 받아들였고, 어린이는 돌아가신 부모님 대신 후원자를 부모로 여겼습니다. 이때 어린이들은 미국에서 자신들을 영적으로 입양한 후원자들을 '영혼의 부모'라는 의미로 '영친(靈親)'이라 불렀습니다.

컴패션은 보육원으로 후원자가 보내준 후원금을 통해 각 어린이에게 성경 수업, 음식, 의복, 피난처, 정기적 의료 지원을 제공했습니다. 눈에 보이는 혜택은 이전과 크게 다르지 않았습니다. 그런데 영친을 만나자 어린이들은 놀라우리만치 변화되었습니다. 어린이의 행복감과 기쁨은 전과는 비교할 수 없었고 하나님 사랑에 대한 인식도 훨씬 넓어지고 실제적이 되었습니다. 이것이 바로 예수님의 긍휼, 아버지의 마음으로 아이들의 필요를 보았기에 가능했던 일입니다.

하지만 이후 시간이 흐르면서 1:1어린이양육 시스템은 많은 시행착오를 거쳐야만 했습니다. 당시 가난했던 한국 보육원들은 가끔 후원금을 뒤로 빼돌리기도 하고, 감사가 있을 때에만 등록되지 않은 마을 어린이들을 몰래 들어오게 해 숫자를 속이는 경우도 있었습니다. 어린이를 양육하는 방식도 형태에 따라 달랐습니다. 보육원을 통해 받는 방식과 교회를 통해 받는 방식이 있었고 가정에서 후원 받는 경우도 있었습니다. 물론 가난한 어린이들이라는 기준은 변함이 없었지요.

부모가 있는 가정에서 후원 받는 어린이들은 일주일에 한 번, 또는 한 달에 한 번 보육원에 가서 출석을 하고 학교 등록금과 생활비를 받아왔습니다. 그러다 보니 노름이나 술을 좋아하는 부모가 후원금을 다 날려버리거나, 남아선호사상이 있는 가정에서는 남자아이에게 모든 후원금을 모아주어 여자아이들은 혜택을 받지 못한 채 공장이나 밭으로 일을 하러 나가는 등 예상치 못한 모습도 나타났습니다.

이에 어린이를 책임감 있게 돌볼 주체가 필요했습니다. 어린이 양육은 단기적인 것이 아니라 지속적으로 함께할 수 있어야 했고, 지역개발이나 환경개선이 아닌 부모가 자녀를 키우듯 교육하고 양육하는 방식이어야 했습니다. 또한 후원금 사용의 흐름이 투명하게 보이며 전문적이고 체계적인 양육 프로그램을 수행할 수 있어야 합니다.

그리고 무엇보다 중요한 것은 어린이를 향한 사랑과 전문성 있는 헌신된 교사를 채용하거나 추천할 수 있어야 했고, 인근 지역의 자원봉사자를 활용할 수 있어야 했습니다. 이 모든 사항을 고려해봤을 때 어린이 양육의 가장 적임지는 교회였습니다. 대신 주일 예배는 필수가 아니라 어린이와 부모가 선택할 수 있도록 했습니다.

이것이 전 세계 컴패션 어린이센터가 지역 교회와 협력하여 어린이들을 양육하게 된 시초입니다. 컴패션은 교회가 지역사회를 변화시키고, 상호 존중 속에서 어린이 양육에 필요한 자원을 활용하며, 하나님 사랑을 전하는 주체임을 믿고 있습니다.

이들 협력 교회는 어린이들의 삶에 영향을 주는 매일의 프로그램을 책임지고 있습니다. 협력 교회의 직원과 리더들은 소명과 사명, 양육에 필요한 기술적인 부분, 그리고 사역을 향한 열정을 가지고 일합니다. 어떻게 보면 그들이 그 지역 컴패션의 주인이라고 볼 수 있습니다.

가난은 어린이가 꿈꾸지 못하게 합니다. 교회가 할 일은 이러한 아이들에게 꿈을 꾸게 하는 일입니다. 그러기 위해서는 성경책 안에 갇힌 활자 이상의 것이 필요합니다. 말씀이 살아 움직이는 실체가 되어, 어린이에게 막연한 종교가 아니라 실제 삶으로 체험될 수 있도록 누군가의 따뜻한 품이 필요합니다.

어린이 양육 프로그램은 도움이 필요한 어린이들이 그리스도 안에서

존귀함을 찾아가도록 도우며, 예수님처럼 '지혜와 키가 자라가며 하나님과 사람에게 더욱 사랑스러워 가는 아이'(누가복음 2장 52절)로 자라나도록 하는 데 힘씁니다.

'지혜가 자라는 것'은 지적 영역이라고 할 수 있습니다. '키가 자라가는 것'은 신체적 영역이며, '하나님에게 사랑스러워 가는 것'은 영적 영역, '사람에게 사랑스러워 가는 것'은 사회·정서적 영역을 나타냅니다. 어린이센터에서 운영하는 '1:1어린이양육 프로그램'은 이렇게 한 어린이가 홀로서기가 가능해질 때까지 지적, 신체적, 사회·정서적, 영적 영역에서 한쪽으로 치우치지 않고 전인적인 양육을 받을 수 있도록 지속적으로 운영합니다.

얼마 전 필리핀의 한 어린이센터에서 한 어린이가 등록할 때부터 청소년이 될 때까지 모든 사항을 기록한 어린이 개인자료를 보았습니다. 처음 등록했을 때의 키와 몸무게, 가족 사항, 배움의 정도 등이 잘 적혀 있었습니다. 어릴 때에는 더하기, 빼기, 곱하기 등의 수리 능력이 형성된 시기와 치과 검진자료를 비롯해 예방주사를 맞은 기록이 정리되어 있었습니다. 국어 점수가 몇 점 올랐고, 언제 어떤 친구를 용서했는지도 적혀 있었습니다. 저는 제 아들이 언제 덧셈과 뺄셈을 하게 되었는지 모르는데, 선생님들은 이 어린이만을 위한 인생의 기록을 차곡차곡 쌓아가고 있었습니다.

서류 가운데는 이 청소년이 12세부터 적은 'My Plan for Tomorrow(내일의 나를 위한 계획)' 공책도 같이 붙어 있었습니다.

이는 만 12세부터 어린이들이 꿈을 찾고 이를 위해 계획을 세우고 실행하는 프로그램으로, 국제컴패션 커리큘럼 담당자들이 전문적으로 체계를 갖춰간 양육 프로그램입니다. 어린이들은 일 년에 한 번씩 자신의 꿈에 따라 앞서 말한 4가지 영역에서 목표를 세우고 이를 달성하기 위해 각자 어떤 실천 항목을 가져야 하는지 정해봅니다.

이때 교사와 학생에게 다음과 같은 지침을 알려줍니다.

"어린이들에게 선생님이 원하는 꿈이나 생각을 강요하지 마세요. 어린이들의 꿈은 어린이의 것입니다. 그 어린이가 하나님과 함께 꿈을 찾아갈 수 있도록 해주세요."

"어린이 여러분의 꿈은 부모님이나 선생님, 목사님의 것이 아닙니다. 꿈은 여러분의 것입니다. 여러분이 하나님과 함께 꿈을 찾아갈 수 있기를 기대합니다."

그리고 일 년 후에는 학생 스스로 자신이 얼마만큼 목표를 달성했는지 점검해보며, 성공했든 실패했든 축하해주는 모임을 갖습니다. 이들은 노력했다는 자체로 선생님과 친구들에게 칭찬을 받습니다. 또한 어제보다 나은 나를 대견하게 여기며 하나님 앞에서 스스로를 칭찬합니다.

우리나라 아이들이 꿈을 구체적으로 생각해보는 때는 아마도 대학 입학 시 전공을 정할 때가 아닌가 싶습니다. 하지만 꿈이 하나님이 나를 향한 계획이라고 생각한다면, 획일적인 방법으로 다 같은 시기에 꿈을 찾는 건 이상한 일이지요. 어릴 때부터 자신의 재능이 무엇인지 아는 아이도 있고 그렇지 않은 아이도 있습니다. 꿈도 수시로 바뀌지요. 특별히 꿈이 막연한 무엇이 되지 않기 위해서 어릴 때부터 작은 목표와 실행을 훈련하는 것도 필요합니다.

제가 본 어린이 개인자료의 주인공인 필리핀 학생의 꿈은 경찰이었습니다. 경찰이 되려는 이유를 쓰는 칸에 자신과 같은 가난한 사람들의 인권과 권위를 보호하고 하나님의 법이 실현될 수 있도록 하고 싶기 때문이라고 적혀 있었습니다.

페이지를 넘겨보니 '사회·정서적 영역'에서의 목표가 5~10명의 친구들을 더 사귀는 것이라고 적혀 있었습니다. 구체적으로 친구 중 2명은 같은 꿈을 꾸는 친구였으면 하는 바람도 포함되어 있었습니다. 다음 장을 넘기니 '영적 영역'의 목표도 있었습니다. 경찰은 사람을 돕는 직업이기 때문에 성경말씀 중 고린도전서의 사랑장을 외우며 실천하겠다고 써 있었습니다. '신체적 영역'에는 올해 안에 팔굽혀 펴기를 하루 50개 이상을 할 수 있기를 원하는데, 당장은 10개부터 시작하겠다고 되어 있더군요.

우리 자녀들도 하나님과 함께 꿈을 꾸는 이런 구체적인 방법을 갖게 된다면, 세상이 좀 더 다채로운 꿈으로 채워지지 않을까 하는 기분 좋은 상상을 해봅니다.

하나님 아버지의 마음으로 아이를 양육할 때 그 안에는 그 아이의 고통을 함께 나누고자 하는 마음이 있어야 합니다. 하지만 이를 위해 최선을 다하는 것도 포함되어야 합니다. 컴패션의 양육커리큘럼은 지금도 전 세계 도움이 필요한 어린이들에게 초점을 맞춰 계속해서 계발해 나가고 있습니다. 그리고 실질적인 도움이 되고자 수시로 모니터링을 하며 현지 교사들과 협력해 나가고 있습니다.

이렇게 현재 컴패션은 6,266개(2013년 10월 현재)의 교회와 함께하며 전 세계 130만이 넘는 가난한 나라의 어린이들을 양육하고 있습니다. 1:1 어린이양육으로만 이 엄청난 숫자의 어린이들을 교회와 컴패션이 최악의 빈민가에서 건져내고 있는 것입니다. 또한 후원국에서 여러 복지정책을 통해 어린이와 청소년을 돌보는 확률보다 훨씬 높은 확률로 그들을 건강하게 키워내고 있습니다. 하지만 이 숫자는 전체 도움이 필요한 어린이들에 비하면 턱없이 부족한 수입니다.

케냐의 수도 나이로비 옆에는 케냐에서 두 번째로 큰 슬럼가 키베라가 있습니다. 여의도 크기만 한 곳에 백만 명의 사람들이 살고 있는데 그중에는 어린이들도 있고, 이 어린이들을 위한 컴패션어린이센터도 있습니다.

후원자들과 함께 가정방문을 위해 가는 길은 걷기도 불편할 만큼 좁았고 한두 평 남짓한 집에는 십여 명의 일가친척들이 함께 모여 살았습니다. 화장실은 공용화장실로 그나마 유료로 사용했습니다. 그래서인지

길가에는 오물이 가득했습니다.

사람들에게 카메라를 보이면 안 된다는 주의를 받으며 어린이센터로 들어간 후원자들은 이와는 전혀 다른 어린이들의 해맑은 모습을 접하게 되었습니다. 짧은 곱슬머리를 예쁘게 묶은 어린이들이 방문한 후원자들로부터 받은 스티커를 얼굴에 붙이고, 사진을 찍어달라며 카메라 앞에 몰려들었습니다. 밝은 웃음소리가 빈민가의 한가운데 있다는 현실을 잊게 했습니다.

그런데 한 젊은 여성 후원자가 어린이들과 놀던 것을 멈추고 문 쪽으로 갔습니다. 센터의 철장 문은 굳게 닫혀 있었는데, 어린이들이 낡은 옷과 해어져 발가락이 다 나온 신발을 신고 창살에 다닥다닥 붙어 있었습니다. 한 시간이고 두 시간이고, 센터에서 후원자들과 등록된 어린이들이 즐거운 시간을 보내는 내내 떠나지 않고 눈동자를 굴리며 그 모습을 보고 있었던 것입니다.

예배가 있는 일요일에는 교회와 어린이센터가 문을 열고 어린이들이 들어와 함께 놀 수 있지만, 이날은 컴패션 어린이들이 수업을 하고 후원자들과 함께하는 시간이었습니다. 결연이 되지 않은 어린이들이 부러움을 가득 담고 몇 시간이고 문에 매달려 우리를 보고 있었습니다. 젊은 여성 후원자는 그 문 앞에 서서 눈물만 뚝뚝 흘렸습니다.

'왜 이 어린이들은 여기 들어와 우리와 함께 놀지 못하는 거죠?'

어린이들과 노는 내내 눈물짓던 그녀의 뒷모습은 마치 제게 이런 항의를 하고 있는 것 같았습니다. 아니나 다를까 마음속에 알 수 없는 화가 치밀었다고 이야기하는 분도 계셨습니다. 저는 이분들에게 어린이가 가정과 지역을 바꾸려면 양육이 필요하며, 아직 후원자를 만나지 못한 어린이들을 돕기 위해 얼마나 많은 사람들이 이러한 현실을 알리고자 노력하고 있는지에 대해 이야기해주고 싶었습니다.

그런데 참가자들이 먼저 이야기를 꺼냈습니다.

"제가 어린이를 후원하지 않아서 그래요."

하나님께서 보여주신 어린이들의 상반된 모습에 참가자들의 마음이 다 무너졌습니다. 어린이의 손을 잡고 그들의 목소리가 되어주기를 하나님께서 바라는 것 같다고 먼저 저에게 이야기를 들려주었습니다. 문 앞에 서 있던 후원자는 어린이센터 정문에 매달려 있던 그 아이가 꼭 후원 받기를 바라는 마음으로 한 명을 더 후원했습니다.

하지만 이 후원자의 가슴 아픈 눈물처럼 모든 어린이를 다 돕기는 어려운 상태입니다. 컴패션은 한 가정에 후원 받을 수 있는 어린이 명수가 정해져 있습니다. 어린이가 센터에서 주는 밥을 남겨서 집으로 가져가 자신의 형제자매나 어머니에게 나눠주는 것은 가슴을 울릴 정도로 기특한 모습이기도 하지만, 1:1 어린이양육의 한계를 보여주는 또 하나의 슬픈 그림이기도 합니다.

때로는 어린이의 집안 사정이 어려워져 부모가 더 먼 빈민가로 이사를 가는 경우도 있습니다. 이럴 때 어린이가 이사 가는 지역에 센터가 없으면 어쩔 수 없이 어린이는 양육 받는 것을 포기하게 되기도 합니다.

제가 처음 컴패션 사역에 뛰어들 때에 비하면 정말 많은 어린이들이 결실을 맺어 지역의 가난을 이겨내고 환경까지 바꾸고 있습니다. 하지만 지금도 수많은 어린이들이 생사의 갈림길에서 도움을 기다리며 싸우고 있습니다. 이를 위해 교회와 컴패션이 하나 되어 최선을 다하고 있습니다. 현지 사역자들의 눈물겨운 노력을 들을 때면, 저도 더욱 열심히 뛰고 달려서 어린이의 손을 잡아주는 사람들이 더 많아졌으면, 센터가 더 많이 생겼으면 하는 마음이 더욱 간절해집니다.

한 사람

어린 영혼을 향한 안타까운 마음이 수많은 이의 가
슴에 심기고, 그 사랑과 나눔이 어린이들을 일으켜 세워 한 나라가 일어
선 본보기가 있습니다. 바로 우리나라, 대한민국입니다. 어느 한 사람이
가난에 굶주려 있는 한국 어린이의 손을 잡아주었기에 그 사랑이 흘러
가 지금 전 세계 백만 명이 넘는 어린이들이 후원자를 통해 양육 받을 수
있게 된 것입니다. 그 한 사람이 바로 에버렛 스완슨(Everett Swanson) 목
사님입니다.

한국에서 한창 활동하던 스완슨 목사님을 만난 사람들은 그가 흰색 도
포를 입고 비스듬히 갓을 쓴 채 어린이들을 안아줄 때면 세상에 다시없
을 개구쟁이였다고 기억했습니다. 그러면서도 그는 누군가로부터 칭찬

을 받으면 무척 쑥스러워했다고 합니다.

1961년에 윤보선 대통령에게 공로표창을 받으러 가는데 양복 색이 상을 받는 자리와 맞지 않아 그 자리에서 양복을 맞춰야 했습니다. 맞춤 양복이 보편적인 시절이었는데 함께했던 보육원 원장님들은 그가 난생처음 맞춤옷을 입어보며 몹시 어색해했다고 이야기해주었습니다.

1913년 미국 일리노이주의 한 엄격한 가정에서 태어난 스완슨 목사님은 일찌감치 예수님을 마음으로 받아들이며 15세 때부터 교도소, 요양원, 공장, 길거리에서 하나님의 사랑을 전했습니다. 21세에 결혼한 뒤에도 부인과 함께 낡은 자동차 한 대와 트레일러를 끌고 다니며 일리노이주부터 워싱턴주까지 하나님께서 이끄시는 곳에 가서 설교했습니다.

그는 경제적으로 누구의 후원도 받지 않았지만 일용할 양식과 모든 필요를 하나님께서 공급해주셨습니다.

그러다 워싱턴에 있는 임마누엘침례교회에서 7년, 시카고의 중앙침례교회에서 7년을 담임목사로 사역했습니다. 네 명의 자녀들이 태어났고 성도와 자녀들로부터 존경과 사랑을 받는 목사이자 아버지로서 그의 삶은 안정기에 접어드는 것 같았습니다.

하지만 1950년, 말씀과 기도를 통해 그는 하나님께서 더 큰 일에 자신을 부르고 계심을 알게 되었습니다. 사람의 눈으로 볼 때에는 지극히 초라한 부르심이었습니다. 혈혈단신으로 떠돌아다니며 하나님께서 가라고 하면 가고 서라고 하면 서서 하나님 사랑을 전하는 일이었기 때문입니다. 교회 담임목사직은 물론 지금까지 누렸던 모든 안정된 삶을 내려놓아야 했고, 부인과 자녀들의 미래는 오로지 하나님께 믿음으로 올려드려야 했습니다. 내면에서 극심한 갈등과 마음의 반목이 계속되었습니다. "못 하겠습니다"와 "하겠습니다"를 오고 가던 몇 개월 동안의 기도를 마치고, 마침내 그는 무릎을 꿇고 하나님께 순종하기로 했습니다. 이때 그는 다섯 가지 기도를 하나님께 올려드렸습니다.

- 세상 어느 곳이든지 전도자로서의 부르심에 순종하겠습니다.
- 1950년 9월 10일자로 담임목사직을 사임하고 1951년 1월 1일부로 목회를 완전히 그만두겠습니다.
- 하나님께서 제게 약속하신 대로, 그리스도 예수 안에서 영광 가운데 그 풍성한 대로 모든 쓸 것을 채워주실 것을 믿습니다(빌립보서 4장 19절).
- 하나님께서 우리 가족의 영적, 신체적, 물질적인 부분을 돌보아주실 것을 믿습니다.
- 예수님을 모르는 이들에게 예수님의 사랑을 전하고 부흥을 위해 기도하며 일하겠습니다.

기도대로 그는 곧 교회를 사직했고 이후 아프리카와 아시아에 이르기까지 주님이 이끄시는 대로 가서 복음을 전하는 삶을 살았습니다. 그동안 부인과 자녀들을 향한 하나님의 공급하심은 끊이지 않았고 전혀 부족함이 없었습니다.

스완슨 목사님이 부르심을 받았던 1950년은 한국전쟁이 난 해이기도 했습니다. 전쟁 발발 소식에 그는 6개월 동안 한국을 방문했습니다. 핏빛 전쟁터 속에서 수만 명의 전쟁고아들과 과부들이 굶어 죽어가는 것을 보았습니다. 이듬해 그는 다시 한국으로 와 미군부대를 다니며 병사들에게 설교하기 시작했습니다. 하지만 그를 사로잡은 것은 길거리를 가득 메운 부모를 잃은 떠돌이 어린이들이었습니다.

그의 일기장에는 당시 우리나라의 모습이 생생하게 기록되어 있습니다. 서울 시청 주변으로 쓰레기가 산더미처럼 쌓여 있고, 시내 건물 태반이 재가 되어버렸습니다. 그 폐허 가운데 어린이들이 살고 있었는데, 어린이들은 그가 나타나면 구름떼처럼 몰려와 깡통을 내밀며 목청껏 소리쳤습니다.

"기브 미!"

가진 것이 탈탈 털릴 때까지 어린이들은 떠나지 않았습니다. 한 번은 구걸하던 깡통을 달랑거리며 걷고 있는 아이를 보고 안타까워 차 뒷자리에 태워주었습니다. 목적지에 다 와서 뒷자리를 보니, 아이는 들고 다니던 깡통만 달랑 남기고 그의 윗도리와 지갑을 훔쳐 달아난 뒤였습니다. 목사님은 빈 깡통을 끌어안고 차 안에서 오래도록 울었습니다.

한국에서의 모든 일정을 마치던 날 새벽이었습니다. 어수선한 마음에 잠을 못 이루고 새벽에 산책을 나온 목사님은 멀리서 트럭이 오는 소리를 들었습니다. 새벽마다 분주히 쓰레기를 담았던 미군 트럭이었습니다.

'전쟁 중에 웬 쓰레기가 이렇게 많은가?'

트럭이 서자 인부 두 사람이 내리더니 길거리의 쓰레기를 발로 툭툭 찬 후에 쓰레기 뭉치를 트럭 안에 던져 넣고 있었습니다. 목사님이 그들을 도우러 가까이 다가갔습니다. 그런데 휙 던져지는 쓰레기 더미 안에서 어린아이 손이 튀어나왔습니다. 깜짝 놀란 목사님은 그들에게 달려갔습니다.

"멈춰요. 아이가 있어요! 그건 쓰레기가 아니에요!"

목사님이 아이를 구하기 위해 무작정 덤벼들었습니다. 그리고 쓰레기 더미를 살펴보던 그는 큰 충격을 받았습니다. 다급한 마음에 펼쳐본 넝마 조각 안에는 밤새 추위와 굶주림으로 괴로워하다 쓰러진 어린아이의 시신이 있었던 것입니다. 인부가 발로 쓰레기 더미를 툭툭 찼던 것은 아이가 살아있는지를 확인하기 위한, 절차 아닌 절차였던 것이지요. 군용트럭 안은 바로 그런 어린이들의 시신으로 가득했습니다. 매일 새벽, 여관 창가를 지나가던 트럭 소리는 바로 어린이들의 시체를 싣고 나르던 죽음을 알리는 소리였던 것입니다.

목사님은 미국으로 돌아가면서 옆에 앉아 있던 친구이자 선교사에게 자신이 본 충격적인 장면을 전했습니다. 도저히 그 모습이 잊히지 않아 괴롭다고 했습니다. 그러자 친구가 말했습니다.

"이것은 하나님의 일을 할 수 있는 또 하나의 기회일 수 있어요. 당신이 그것을 봤는데, 이제 무엇을 할 것인가요?"

그는 대답할 말이 없었습니다. 아무것도 가진 게 없는 그가 이 많은 어린이들을 어떻게 도울 수 있겠습니까. 하지만 프로펠러 소리에 맞춰 하나님의 음성이 반복해서 들려왔습니다.

'너는 이것을 보았는데 이제 무엇을 할 것이니?'

"하나님, 당신의 부르심이라면 제게 확증이 될 징표를 주십시오."

목사님이 부르짖었습니다. 이윽고 그가 목적지인 시카고에 도착했을 때, 그에게 편지가 와 있었습니다. 봉투를 여니 거기에는 '한국의 전쟁고아를 위해 써주세요'라는 메모가 적힌 1,000달러짜리 수표가 한 장 들어 있었습니다. 하나님이 대답하신 것입니다.

1952년 마침내 이 수표를 사용해 강원도 삼척에 전쟁고아들을 위한 보육원인 신애원이 세워졌습니다. 보육원을 운영하는 것 외에도 수많은 어린이들이 그의 도움을 필요로 했습니다. 하지만 그에게 있는 것이라고는 한국 어린이가 버리고 간 깡통 하나가 전부였습니다. 그는 미국 교회 곳곳을 다니며 그 깡통을 들고 외쳤습니다.

"이 깡통이 여러분 보시기에는 그냥 쓰레기지만, 한국의 한 어린이에게는 생명줄입니다! 한국 어린이를 살려주세요!"

교회에서 어린이들을 돕기 위한 예배를 협력해서 드리는 컴패션 선데이도 이때부터 시작되었습니다. 한 어린이라도 더 도울 수 있다면 그는 한국과 미국을 오가며 어디든 달려갔습니다. 1:1어린이결연 외에도 청소년들이 다닐 수 있는 각종 학교는 물론, 의료혜택, 보육원 건설, 겨울철 한국 전역에 있는 어린이들에게 의류를 전달하기 위한 웝프로젝트 등이 진행되었습니다.

그의 일기장에는 이런 내용이 있습니다.

"처음 이 사역을 시작했을 때 나는 빈털터리였다. 그러나 한 걸음, 한 걸음 걸어갈 때마다 하나님의 인도하심을 따랐고 전능하신 하나님이 모든 것을 채워주셨다. 하나님의 인도하심과 공급하심이 얼마나 아름답게 우리 삶을 이루어주셨는지! 하나님은 강권적으로 역사하시는 힘으로 우리가 구하고 생각했던 것 이상으로 넘치도록 채워주셨다."

예배가 끝나면 수많은 백인들이 목사님에게 질문을 했습니다.

"우리 주위에도 가난한 사람이 많은데 왜 한국입니까?"

그들에게 한국은 너무나 멀고 낯선 나라였기 때문입니다.

그때마다 목사님이 대답했습니다.

"우리 주위 사람들을 돕는 것은 당연히 해야 할 일입니다. 여러분과 제가 천국에 갔을 때 하나님은 백인만 혹은 미국 시민만 보는 것을 원치 않으십니다. 하나님은 지금 소리 한번 질러보지 못하고 쓰레기 트럭에 실려 죽어나가는 한국 어린이들의 가슴속에 계십니다."

그는 한국 이야기를 하며 종종 울었다고 합니다.

1960년대가 되자, 다른 나라에서도 어린이를 도와달라며 컴패션에 요청해왔습니다. 하지만 그는 한국에서의 사역에 집중하기 위해 그 제안을 거절했습니다. 결국 컴패션이 한국 이외의 다른 나라 어린이를 돕는 일은 그가 세상을 떠난 1965년 이후 준비되어 1968년부터 시작되었습니다.

스완슨 목사님이 병실에 있을 때, 그가 끝까지 간직한 일기장에는 이렇게 적혀 있었습니다.

"한 어린이의 손을 잡았을 때 한 보육원을 세울 수 있게 해주셨고, 한 보육원을 세웠을 때 한 나라를 일으켜 주심에 감사드립니다."

그가 병상에서 이 일기를 쓰던 1965년은 한국이 경제성장의 출발선에 섰을 때입니다. 그는 죽기 전, 하나님께서 한국을 눈부시게 발전시켜주실 것을 미리 보고 감사했던 것입니다. 그의 비전처럼 컴패션이 한국을 41년간 후원하며 1:1어린이양육으로만 키워낸 어린이들이 10만 명이 넘습니다. 그들은 모두 가난에서 벗어나 어엿한 사회인이 되었습니다.

그리고 1993년 컴패션은 한국을 떠났습니다. 그런데 철수 후 얼마 지나지 않아, 컴패션에서 자라난 사람들이 자발적으로 모이기 시작했습니다. 목사님들을 중심으로 '이제는 받은 은혜를 갚을 때다'라는 의견이 모아졌습니다.

국제컴패션은 한국의 경제성장을 축하하는 것 외에 다른 계획은 없었고 그것으로 매우 기뻐하고 있었습니다. 그리고 마침 독일을 후원국으로 설립하려고 조사하던 중이었습니다. 그런데 컴패션 출신들이 하도 간곡하게 한국에 한 번 와보라고 초청을 해서 국제컴패션 총재와 부총재 등 몇몇 사람이 한국을 방문하게 되었고, 면밀한 조사와 기도 끝에 국제컴패션은 독일컴패션을 세우는 준비 과정을 중단하고 이사회를 소집하여 한국을 열 번째 후원국으로 세우는 것을 통과시켰습니다.

한국이 도움을 받는 나라에서 도움을 주는 첫 번째 나라가 된 것입니다. 몇 년 뒤, 독일도 후원국으로 서서 현재 11개 후원국이 26개 수혜국과 함께 컴패션의 한 몸이 되어 어린이들과 후원자들을 섬기고 있습니다.

스완슨 목사님은 임종 전 병실에 누워 자신의 형에게 말했습니다.

"형, 만약 관 속에 있는 나를 보거든 나는 하나님과 함께 있을 거야."

2002년, 한국컴패션을 준비한 지 5개월쯤 되었을 때 미국에서 열린 컴패션 50주년 기념식에 참석했습니다. 국제컴패션 건물 앞 광장의 잔디밭에 타임캡슐을 묻는 순서가 진행되었습니다.

1952년 한국에서 시작된 이후 41년 동안 한국 어린이를 도와왔기에 타임캡슐에 들어가는 자료와 물품은 대부분 한국에 관한 것이었습니다. 한국어 성경, 여자아이들의 머리핀, 부채, 한국 교회 주보, 집회 포스터, 기념품으로 만든 고무신 등이었습니다. 미국, 캐나다, 호주 등 컴패션의 후원국 직원들은 타임캡슐에 들어가는 이 물건들을 역사의 증거라고 여겨 보관해왔겠지만, 그 자리에 참석한 사람 중 유일한 한국인이었던 저는 이 물건들의 진짜 의미를 알고 있었습니다. 하나님의 역사가 지니는 무게감이 새삼 마음 깊이 와 닿았습니다. 하나님의 시간은 해가 뜨고 져서 달력이나 시계로 재어지는 것이 아니라 한 사람, 한 사람을 직접 택하시고 부르셔서 그들이 하나님의 은혜 가운데 이루는 일들로 쌓아지고 있는 것 같았습니다.

타임캡슐을 묻는 곳 앞에 십대 초반의 백인 어린이와 흑인 어린이 한 명이 홍보대사로 섰습니다. 총재가 말했습니다.

"이것을 100주년 때 꺼내십시오."

그러면서 그들에게 편지 한 장을 읽어주었습니다.

"우리는 50년 동안 스완슨 목사님의 신앙과 하나님께서 주신 사명을 지키려고 최선을 다했고 그것을 더 풍성하게 만들었습니다. 이 두 어린이가 장성하여 100주년 때에는 이들의 손으로 타임캡슐이 열릴 것입니다. 그때에도 우리는 교회를 통해 한 어린이를 예수 그리스도 안에서 하나님의 사랑으로 양육할 것입니다. 그날에 여기 서 있는 사람들 중 생존해 있는 사람은 없을 것입니다. 그러니 만약 우리가 한 어린이를 하나님의 사랑으로 양육하는 일에서 떠나 일반적인 구호기관으로 변했다면 지금 세워진 두 명의 홍보대사가 우리를 향해 회개하기를 권해주십시오. 그러나 변함없이 하나님의 사랑을 전하고 있다면 다 같이 축하해주십시오."

박수 속에 타임캡슐이 묻혔습니다.

2012년 한국컴패션에서 '컴패션 60주년 예배'가 있었습니다. 한국에 정말 특별한 손님이 왔는데, 스완슨 목사님의 증외손자 스튜어트 데이빗 에릭(Stewart David Eric)이었습니다. 데이빗은 다섯 살 때까지 한국에서 살다가 청년이 되어 다시 한국 땅을 밟은, 한국인 입양아였습니다. 어느 정도 컸을 때, 그는 부모님께 왜 하필 먼 나라 한국에서 자신을 입양했는지 물었다고 합니다. 부모는 당연하다는 듯 대답했습니다.

"우리 가족에게 그건 정말 당연한 일이란다. 우리 가족은 한국과 한국 어린이들을 생각할 때마다 사랑과 은혜에 잠길 수 있었고 언제나 감사했단다. 너를 입양한 것은 우리에게 큰 축복이야. 특별히 한국 어린이를 입양할 수 있도록 인도해주신 하나님께 정말 감사드린단다."

1952년 한국전쟁이 한창일 때 절망이 가득한 전쟁의 폐허 속에서 한 사람의 순종에 의해 마침내 사랑의 잔치가 열리게 되었고, 그와는 아무 상관없던 저와 같은 사람도 생명을 살리는 기쁘고 감사한 일에 동참할 수 있었습니다. 하나님의 역사는 사람을 통한 사랑의 이어짐이며, 이러한 사랑의 유산을 물려받고 물려주는 과정임을 다시 한 번 깨닫습니다.

제가 가장 고맙습니다

2008년에 볼리비아에 갔을 때의 일입니다. 보통 후원자가 가정방문을 온다고 하면, 집 정도는 치워놓고 맞이하는데 우리가 간 집은 그런 흔적이 보이지 않았습니다. 게다가 험상궂은 표정의 어머니가 집 입구에 서서 우리를 못 들어가게 막아섰습니다. 네 명의 식구가 산다는 집은 누울 틈도 안 보일 정도로 지저분하고 좁았습니다.

'이런 환경에서 어떻게 아이가 자랄 수 있을까…'

아이의 어머니에게 조심스럽게 물었습니다.

"저… 교회는 다니세요?"

"안 가는데요."

아이의 엄마는 걸레를 두른 것과 다름없는 차림을 한 채 무표정한 얼굴로 대답했습니다. 조금 기분이 상하려는 순간, 어머니의 얼굴에서 아주 빠르게 스쳐 지나가는 수치와 모멸감을 읽을 수 있었습니다. 부끄러웠습니다. 잠시 정신을 가다듬고 그녀의 손을 잡으며 말했습니다.

"얼마나 힘이 드세요?"

그 한마디에 어머니가 저를 한참 보았습니다. 수치와 모멸감이 가렸던 방어막이 사라지고 어머니의 눈에서 눈물이 주르륵 흘러내렸습니다. 저는 그녀를 안고 감사기도를 드렸습니다. 그리고 함께 울었습니다.

'저 때문이군요. 예수님을 알게 하시려고 여기에 보내셨는데 저는 오히려 이들을 판단하고 정죄했습니다. 용서해주십시오.'

가난과 질병 가운데 고통받는 어린이가 있는 곳에 가면, 거기에 예수님이 서 계십니다. 힘들고 지쳐 있는 어린 영혼들을 위로하시고 감싸주시는 예수님이 말입니다. 그래서 저는 이 일을 하는 것이 참으로 기쁩니다.

저는 원래 눈물이 없는 사람이었습니다. 예전에 사람들은 제 표정을 보고 냉정하고 날카롭고 무섭다고까지 했습니다. 그런 제가 지금은 설교 때마다 어린이 이야기를 하며 웁니다. 안타까움의 눈물만은 아닙니다. 가장 연약한 자들을 세우는 일에 쓰임 받도록 해주신 것에 대한 감사와 경이의 마음에서 나오는 눈물입니다.

성경은 구약에서부터 신약까지 한 부류의 사람들을 꼭 따로 떼어 이야기하고 있습니다. 바로 '고아와 과부'입니다. 모세에게 율법을 주셨던 출애굽기 22장의 "너는 과부나 고아를 해롭게 하지 말라"라는 말씀부터, 신명기는 물론이고 신약 곳곳에서도 고아와 과부를 직접 언급하시며 구체적으로 어떻게 그들을 보살펴야 할지를 말씀하십니다.

왜 성경에는 과부와 고아가 이렇게 많이 언급되었을까요? 이들의 공통점은 무엇일까요? 이들은 하나님의 마음과 눈을 끄는 자들입니다. 이들이 고통스러워하고 힘들어할 때, 하나님의 마음은 그들에게 가 계십니다. 부모의 마음이 무언가 일이 안 풀리는 자녀, 고통당하는 자녀, 병으로 아파하고 있는 자녀에게 더 가 있는 것처럼 말입니다.

부모는 아이가 태어나기 전부터 그를 위해 온갖 좋은 것들을 계획합니다. 세상의 부모도 그러한데 하늘의 하나님은 어떠실까요. 그분은 태초 전부터 한 생명을 계획하고 지으셨습니다. 기대와 설렘 속에 세상에 내놓았는데 고통과 절망 가운데 무기력한 존재로 전락하고 만다면 하나님의 마음은 그곳에 가 있을 수밖에 없을 것입니다.

"우리나라에도 힘든 아이들이 많은데 왜 다른 나라까지 와서 그 나라 아이들을 도와야 하는지 모르겠습니다."

이는 종종 듣는 질문입니다. 현지에서 한 후원자가 이와 같이 질문했을 때, 저는 이 답을 하나님께 맡기고 미뤄두었습니다. 그런데 이튿날 하나님은 그에게 예수님의 눈으로 아이들을 바라볼 수 있도록 은혜를 주셨습니다.

"같은 풍경인데도 아이들이 어제와는 완전히 다르게 보이네요."

자신들이 처한 환경이 무엇을 뜻하는지 모른 채 해맑게 웃는 아이들을 보는데 어느 순간부터 마음이 너무 아파온 것입니다. 이처럼 예수님은 끊임없이 신음하는 모습으로 그들을 위해 간구하고 계시며 그 마음을 우리가 함께 느끼길 원하고 계십니다.

나눔을 실천하는 분들이 이구동성으로 말씀하는 게 있습니다. "나눔은 주는 사람이 더 행복해요. 주는 것이 더 큰 축복이죠"라는 말입니다. 어떤 분은 이렇게 말하기도 합니다. "다른 사람이 행복해지는 모습이 내게 행복함을 줍니다"라고요. 또 어떤 분은 누군가에게 무엇을 나눌 때 자신이 더욱 가치 있어지고 존귀해지는 것 같다고도 합니다. 다 맞는 말입니다. 정말 그렇기 때문에 나눔은 축복입니다.

그런데 주는 사람이 축복이라는 말은 좀 더 가치 있는 의미를 담고 있습니다. 사람은 원래 자기중심적인 본성을 타고납니다. 그러나 예수님을 닮아가게 되는 하나님 자녀들이라면, 자연스럽게 나 중심에서 타인 중심으로 살아가는 삶에 눈 뜨게 됩니다. 예수님과 함께 있으면 저절로 예수님이 사랑하시는 그 이웃이 있는 곳에 우리가 함께 있게 되는 것이지요. 그래서 주는 것이 받는 것보다 더 큰 축복이라는 말은 근본적으로 '예수님을 아는 기쁨'이라고 말할 수 있습니다.

예수님이 내 안에 계시기에 시선과 마음이 타인에게로 향하는 축복을 갖게 되는 것이지요. 이는 감동이나 기쁨, 자신의 가치가 높아지는 범주를 훨씬 뛰어넘는 일입니다. '내가 좋은 일을 했다', '저 사람이 감사해하니까 행복하다'를 뛰어넘는 마음이지요. 결코 쉽게 나올 수 있는 말이 아닙니다. 이때의 사랑은 진정으로 사람 자체가 그저 귀함을 알기에 일어나는 행위입니다. 받는 이의 반응도, 감사도 상관없습니다.

주고 또 주었는데 상대로부터 반응이 없다면, 꽤씸하죠. 처음에는 좋게 시작했다가 기운이 빠지기도 합니다. 감동과 감격을 기대했는데 기대감이 충족되지 못할 때, 주는 행위는 중단될 수 있습니다.

반면 하나님의 마음으로 하는 나눔은 상대와 상관없이 끊임없이 줄 수 있는, 사랑하겠다는 의지와 결단에 의해서 지속적으로 부어지는 마음입니다. 그 과정에서 주고 또 주는 사람이 예수님을 닮아가고 예수님과 함께하며 엄청난 성장을 하는 것입니다. 저는 이것이 주는 것이 더 복되다고 말하는 진정한 나눔의 가치라고 생각합니다.

신약에서 예수님이 등장했을 때 처음으로 이기적이지 않은, 모든 것을 내어주는 아가페오의 사랑이 등장했습니다. 예수님을 닮아가려는 우리라면, 바로 이런 아가페오의 사랑까지도 닮아가야 하며 하나님께서도 이를 권유하고 계십니다. 우리가 그분을 닮아가고자 할 때, 원수를 사랑할 수 있는 데까지 가보라고 부드럽게 이끌어가고 계시는 것입니다.

"성경말씀 안에 나타난 컴패션의 사례가 무엇입니까?"

누군가 물었을 때 저는 이렇게 대답했습니다.

"예수님 자체가 컴패션이십니다."

나눔을 할 때 우리는 컴패션인 예수님을 만납니다. 그리고 그분을 닮아갑니다. 그분을 닮아가는 것이야말로 가장 큰 축복입니다.

매일의 삶을 신나게 만드는 것은 무엇일까요? 명예일까요? 돈일까요? 이런 것들은 채워지기 어렵고 사라지기 쉬운 것들입니다. 성경은 하나님의 나라가 가까이 왔다고 말합니다. 이것은 천국이 현재진행형임을 말하지요. 현지에 가면 제대로 먹지도 씻지도 자지도 못하지만 그곳에서는 어느 곳보다 강렬한 하나님의 임재하심이 느껴집니다. 이렇게 날마다 새롭게 하나님과 그분의 나라를 경험하는 일은 우리의 삶을 그 무엇보다 흥미진진하게 하고 뜨겁게 하고 만족케 합니다.

하나님께서는 구원에 대해서만큼은 구원의 확신을 경험하는 첫사랑으로 데려가지만, 일에 있어서는 언제나 생명을 살리는 일, 사명으로 데려가십니다. 이것이 본질입니다. 그것이 어떤 직업이든 어떤 일이든 상관없습니다.

저는 모든 어린이들이 이런 하나님의 자녀로 살아가기를 진정으로 기도합니다. 그 고유의 개성과 부르심에 따라 하나님과 동행하는 은총이 늘 뒤따르기를 진심으로 바랍니다. 저처럼 부족한 육신의 아버지가 아니라 완벽한 하늘 아버지의 돌보심은 최고의 기쁨과 날마다 한 걸음 더 다가오는 하늘나라의 영광을 맛보게 해줄 것이기 때문입니다.

저는 지금도 제 자녀들이, 컴패션의 모든 어린이들이, 그들의 손을 잡아주는 후원자들이 이 특권과 사랑 안에 거하기를 간절히 기도합니다. 이 것이야말로 주님이 제게 주신 기쁨에 대한 유일하고도 지극히 당연한 반응일 것입니다.

하나님께서는 그동안 컴패션 사역을 통해 가난과 질병으로 꿈과 희망을 잃은 채 살아가는 수많은 어린이들과 그 가정, 그 지역과 나라를 회복시켜주셨습니다. 또한 그들을 후원하는 후원자들의 삶 역시 송두리째 바꿔놓으셨습니다. 그러나 생각해보면, 가장 큰 수혜자는 바로 저 자신인 것 같습니다. 어제보다 오늘 더 아버지께 가까워질 수 있도록 인도해주시고, 은혜를 주셔서 아버지의 마음을 알게 되었으니까요.

"여호와의 말씀이니라 너희를 향한 나의 생각을 내가 아나니 평안이요 재앙이 아니니라 너희에게 미래와 희망을 주는 것이니라"(예레미야 29장 11절).

이 말씀처럼 하나님의 뜻이 미래와 희망을 주시는 것임을 알게 해주시고, 그 일에 참여하게 해주셔서 한 생명, 한 생명이 살아날 때마다 하나님께 감사했습니다. 그런데 하나님께서는 오히려 이렇게 말씀해주고 계신 것 같습니다.

"너희가 나와 함께해주어서 고맙다."

또 다른 기적을 기다리며

2008년 어느 날, 저는 국제컴패션의 창고 구석에서 1960년대 미국 교회의 주보 하나를 찾았습니다. 주보 표지에는 한국 어린이의 사진이 실려 있고, 옆에는 이렇게 쓰여 있었습니다.

"컴패션 선데이. 겨울이 다시 찾아오고 있습니다. 너무나도 혹독한 추위가 다가오고 있습니다."

이 글귀를 읽고 혼자 창고 구석에 앉아 한없이 울었습니다. 그리고 주보를 끌어안고 기도했습니다.

'하나님, 감사합니다. 우리를 축복해주셔서 감사합니다.'

저는 한국컴패션의 성장을 보며 하나님께서 왜 이토록 우리를 축복하셨는지에 대해 다시 한 번 생각해봅니다. 답은 하나입니다. 하나님은 그리스도의 사랑을 흘려보내는 통로로 교회를 사용하기 원하시는 것입니다. 교회가 그리스도의 사랑으로 가난하고 힘든 이들을 섬겼을 때, 하나님께서 부어주시는 수많은 기적이 일어났습니다.

그런데 이것은 한국컴패션만의 소망이 아닙니다. 칠흑같이 어두운 북한 땅에 들어갈 한국교회를 위해 컴패션의 전 세계 26개 수혜국과 11개 후원국 다같이 꿈을 꾸고 있습니다.

컴패션 안에는 어린이 양육에만 60여 년을 힘써 오면서 축적된 노하우가 있습니다. 이를 바탕으로 한국컴패션은 이미 북한 어린이들을 그리스도의 사랑으로 양육하기 위한 커리큘럼을 만드는 움직임을 시작했습니다. 그리고 이 일을 교회와 함께하고자 합니다. 지금껏 하나님의 사랑과 축복을 받은 한국교회가 이제 또 다른 기적을 만드는 주인공이 되어야 합니다.

얼마 전 북한 보육원에 다녀왔습니다. 아직 교회가 들어갈 수 없기에 어린이를 양육할 수 있는 것은 아니지만, 어린이들이 따뜻한 겨울을 날 수 있도록 두툼한 겨울 이불을 들고 말입니다. 꼭 어린이들에게 전달해야 했기에 운송 수단을 마련하여 동행한 직원과 함께 직접 이불을 배달했습니다. 우리는 선생님들께 신신당부했습니다. 도무지 발을 디딜 수 없는 차가운 얼음 바닥에서 자는 어린이들을 생각하여 이 이불을 꼭 어린이들이 사용하도록 해달라고요.

다음 날 아침, 선생님들이 얼굴에 홍조를 띠며 우리에게 인사를 건넸습니다.

"아이들이 이불 속에서 나오지를 않아요."

"이불이 너무 따뜻하고 예뻐서 아이들이 보고 또 보며 좋아하고 있어요." 알록달록한 무늬의 보송보송한 이불 속에서 어린이들은 단잠을 자고 아침에도 그 속에서 나올 줄 모르고 계속 즐거워했지요. 어린이들의 행복한 모습에 선생님들의 눈가가 눈물로 촉촉해졌습니다. 이런 선생님들을 생각하니 더욱 힘이 났습니다. 그들은 북한의 우리 아이들을 사랑으로 품고 이미 헌신하고 있는 분들이었습니다.

지도를 펼치고 북한에 들어갈 한국교회의 모습을 그려봅니다. 컴패션 안의 투명한 시스템과 오랜 경험 속에 다져진 커리큘럼, 준비된 인력이 그 안에 함께 들어가는 모습도 그려봅니다. 생각만 해도 가슴이 뜁니다. 하지만 이 모든 것을 뛰어넘어 무엇보다 강력히 바라고 소망하는 것은 따로 있습니다.

먼저는 우리가 감사의 제단을 쌓는 것입니다. 또 나아가야 할 방향을 잃은 듯 휘청거렸던 모든 경건치 못한 모습들을 내려놓고 진심으로 하나되는 모습입니다. 그곳의 아이들을 그리스도의 사랑으로 품고 함께 눈물 흘릴 수 있는 심령이 준비되는 것입니다.

우리는 한국 땅, 평양에 처음 하나님의 사랑을 심어준 하나님의 사람들에게 빚을 졌습니다. 이 섬김과 희생으로 일어난 한국교회와 우리는 이제 받은 사랑을 다시 북한으로 흘려보내야 합니다. 그 사랑이 한 민족의 회복으로 이어지길 기대합니다. 그리고 이 일에 당신의 손과 마음이 함께하길 진심으로 소망합니다.

감사의 말

2003년에 설립된 한국컴패션이 올해로 열 살이 되었습니다. 하나님의 은혜로 십 년 동안, 12만 명이 넘는 어린이들이 절망에서 희망으로 변화된 삶을 살 수 있게 되었습니다. 그리고 10만 명 이상의 후원자들이 어린이의 손을 잡으며 전해준 사랑이 열매 맺는 것을 넘어, 어린이와의 따뜻한 교제를 누리고 계십니다. 무엇보다 하나님께서 한국컴패션이 이 모든 것에 증인되게 하셨고 항상 한 발 앞서 인도해주셨습니다.

세상에 드러나지 않는 곳에 숨어서 어린이에게 새로운 생명을 전해주고 있는 진짜 영웅들이 계십니다. 아침마다 아들과 골목을 누비며 재활용품을 모으시는 아주머니, 커가는 아이들을 보며 보람을 느끼신다고 고백하는 환경미화원 아저씨, 삶의 힘든 순간에 아이를 돕게 되면서 살 힘을 얻었다고 고백하는 택시 운전사 등이 바로 그들입니다.

그뿐 아닙니다. 컴패션의 각종 행사 때 장소를 내어주시고, 주차 안내를 해주시고, 안전사고를 대비해 뛰어다니시는 등 궂은일을 도맡아해주는 자원봉사자님들, 수만 통의 어린이 편지를 번역해주시는 전국에 있는 컴패션 메이트 분들에게 감사드립니다. 또한 한 명이라도 더 결연해주려고 애써주시는 수많은 교회의 목사님과 성도님들과 유치원, 학교, 보육원, 지역아동센터, 탈북자 학교 등 십시일반 어린이를 돕겠다고 고사리 손을 들고 나선 학생들과 이를 이끌어가는 선생님들이 계십니다. 이분들이야말로 진짜 한국컴패션의 대표입니다.

매주 열리다시피 하는 컴패션 선데이와 각종 결연 현장에 두 팔 걷어붙이고 앞장서는 컴패션밴드는 올해 2집 앨범으로 다시 한 번 어린이들을 돕습니다. 삶 속에서 힘이 되어주는 후원자 모임인 VOC(Voice of Compassion)와 FOC(Friends of Compassion) 분들께도 감사드립니다. 그들의 예배와 기도로 하나님은 놀라운 일들을 하고 계십니다. 아직 어린 학생들인데도 어린이들을 위해 목소리를 높이는 청소년 홍보대사 YVOC(Youth Voice of Compassion)들의 초롱초롱한 눈망울도 떠오릅니다.

그리고 저와 늘 함께하는 든든한 한국컴패션 직원들, 정말 응원하고 사랑합니다. 무엇보다도 가난이 주는 거짓말과 맞서 싸우며 후원자님들이 잡아주신 손을 붙잡고 꿈을 이루어나가는 전 세계의 컴패션 어린이들, 그 소중한 생명에게 정말 고맙다고 말해주고 싶습니다.

하나님께서 이런 귀한 사람들을 때에 맞춰 보내주시고, 알게 해주시고, 만나게 해주셨습니다. 한 명이라도 더 많은 어린이를 돕고 싶은 마음에 동분서주하다 저의 부족함에 낙심할 때, 이들과의 만남은 저에게 큰 격려와 위로가 되었고, 다시 한 번 그리스도의 감동으로 일어날 수 있게 해주었습니다. 이렇듯 컴패션의 십 년 역사 가운데 굽이굽이 살아있는 하나님의 사랑과 역사하심이 엮여져 이 책이 만들어졌습니다. 이 모든 분들에게 하나님의 사랑과 특별한 호의가 함께하시기를 기도드립니다.

마지막으로 나와 당신을 여기까지 인도해주신 하나님, 진심으로 고맙습니다.

한 어린이를 향한 놀라운 기적의 시작

지금, 꿈을 잃은 어린이들의 손을 잡아주세요.
'함께 아파하는 긍휼한 마음'이란 뜻을 가진 컴패션(Compassion)은
가난으로 고통받는 어린이들에게 꿈과 희망을 선물합니다.

1   1:1어린이양육을 통한 컴패션의 전인적인 양육

COGNITIVE

지적 양육

· 학교 교육
· 방과 후 수업, 직업 훈련과 예능 교육 등 비정규 교육
· 교육에 필요한 교복, 학용품 등 제공

SOCIO-EMOTIONAL

사회 · 정서적 양육

· 도덕과 예절, 놀이 교육 등
· 정기적 운동과 단체 활동 제공
· 부모 대상 자녀 양육 방법 교육

PHYSICAL

신체적 양육

· 정기적인 영양 상태 및 건강검진, 진단과 처방
· 영양적으로 균형 잡힌 식사 제공
· 가정에 필요한 생필품 지급

SPIRITUAL

영적 양육

· 하나님의 자녀로서 살아가는 존귀함 배우기
· 연령별 성경 공부

2 1:1 리더십결연

1:1어린이양육으로 자립 가능한 성인이 된 학생들 중에서 학업 성적과 리더십이 뛰어난 학생들을 대학에 보내어 나라를 변화시킬 리더로 키우는 프로그램입니다.

3 태아·영아 생존

태아와 영아의 사망률이 높은 지역의 산모와 엄마를 도와 건강하게 아기를 낳고, 아기들이 3세까지 건강하게 생존할 수 있도록 돕는 프로그램입니다.

4 양육 보완

아이티 대지진과 필리핀 하이엔 태풍 등 재난 구호, 에이즈 예방 및 퇴치, 교육자료 지원과 크리스마스 선물 보내기 등 다양한 방법으로 아이들의 양육을 도울 수 있습니다.

후원 신청은 아래와 같은 방법을 통해 하실 수 있습니다.

스마트폰 앱

안드로이드 용

아이폰용

후원 상담 안내   02-740-1000
인터넷 홈페이지   www.compassion.or.kr
이메일 문의   info@compassion.or.kr

"고맙다"

초판 1쇄 발행	2013년 12월 20일
초판 23쇄 발행	2023년 3월 31일

지은이 서정인

펴낸이 여진구
편집 이영주 박소영 최현수 안수경 김도연 김아진 정아혜
책임디자인 마영애 노지현 조은혜 이하은
홍보·외서 진효지
마케팅 김상순 강성민 　　　　　　**마케팅지원** 최영배 정나영
제작 조영석 　　　　　　**경영지원** 김혜경 김경희 이지수

303비전성경암송학교 유니게 과정 박정숙
이슬비전도학교 / 303비전성경암송학교 / 303비전꿈나무장학회

펴낸곳 규장

주소 06770 서울시 서초구 매헌로 16길 20(양재2동) 규장선교센터
전화 02)578-0003 **팩스** 02)578-7332
이메일 kyujang0691@gmail.com 　　　　**홈페이지** www.kyujang.com
페이스북 facebook.com/kyujangbook 　　**인스타그램** instagram.com/kyujang_com
카카오스토리 story.kakao.com/kyujangbook
등록일 1978.8.14. 제1-22

책값 뒤표지에 있습니다.
ISBN 978-89-6097-329-9 03230

규 | 장 | 수 | 칙

1. 기도로 기획하고 기도로 제작한다.
2. 오직 그리스도의 성품을 사모하는 독자가 원하고 필요로 하는 책만을 출판한다.
3. 한 활자 한 문장에 온 정성을 쏟는다.
4. 성실과 정확을 생명으로 삼고 일한다.
5. 긍정적이며 적극적인 신앙과 신행일치에의 안내자의 사명을 다한다.
6. 충고와 조언을 항상 감사로 경청한다.
7. 지상목표는 문서선교에 있다.

하나님을 사랑하는 자 곧 그의 뜻대로 부르심을 입은 자들에게는 모든 것이 合力하여 善을 이루느니라(롬 8:28)

규장은 문서를 통해 복음전파와 신앙교육에 주력하는 국제적 출판사들의
협의체인 복음주의출판협회(E.C.P.A:Evangelical Christian Publishers
Association)의 출판정신에 동참하는 회원(Associate Member)입니다.